# 戦後教育改革半世紀

## ――世界をリードする日本へ

◆目次

## 第三章　臨教審・民間教育臨調が目指した教育基本法改正

## 第四章　教科書誤報事件と歴史認識問題

## 第五章　いじめ・不登校を克服する感性教育

## 第六章　師範塾と親学の提唱――主体変容の教育改革

## 第七章　世界をリードする日本へ

# 第一章　戦後史の検証を決意した理由

## 学園紛争と川口君虐殺事件

私のライフワークの中心的テーマは、在米占領文書の研究である。昭和五十五年（一九八〇）から三年間アメリカに留学し、大学院で学びながら、首都ワシントンＤＣ郊外の米国立公文書館所蔵のＧＨＱ文書の研究に没頭した。当時は年間百枚しかコピーできなかったため、筆写した資料は段ボール十箱を超えている。

そもそも、戦後史の検証のために米留学を決意した理由は一体何か。きっかけは大学時代に遡る。

私が早稲田大学に入学した昭和四十四年は、東大の入試が安田講堂の過激派学生の占拠によって中止になり、全国に大学紛争が巻き起こった年であった。

四月二十八日の沖縄反戦デーには全国から過激派学生が東京に集結し、激しいデモ行進を行い、革命前夜を思わせる新宿騒乱が繰り広げられた。私は革マル派のデモ行進を新宿で見ていたが、機動隊による催涙弾で涙が止まらず、興奮冷めやらぬ中、深夜に下宿に戻ったことを鮮明に覚えている。

私が入学した早稲田大学第一文学部では、入学式はあったが、翌日から「無期限バリケードストライキ」が決行され、半年間授業がなかった。半年後、授業は始まったものの、毎日「内ゲバ」で学生同士が鉄パイプで殴り合い、血を見ない日がないほど荒廃していた。早大第一文学部の教室で白昼革マル派の学生に鉄パイプで殴られている光景を多くの学生と教授が目撃していたが、怖くて誰も止めに入ることができなかった。翌朝の全国新聞の一面トップに、「川口君虐殺」と大々的に報じられ衝撃を受けた。「平和と民主主義」の戦後教育を受けた戦後世代が一体なぜ学友を殺すのか、という根本的な疑問を抱かざるを得なかった。

そのような中、革マル派と闘っていた第一文学部の宮崎正治という学生と出会い、大学正常化運動に飛び込む決意をした。原宿の「ミモザ」という喫茶店で涙を流しながら、決意の固い握手をしたことは一生忘れない。

大学で講演会などの活動を行うと必ず革マル派が押し駆け、徹夜に近い激論を交わした。しかし、夜明けごろには戦後世代共通の「根無し草」性を痛感して、「戦後」とは何か、「戦後教育」とは一体何なのか、という疑問に直面せざるを得なかった。

## 「戦後」への疑問

私を本気で「学問」と「教育」に向かわしめたものは、左翼学生との激しい対決であった。全学連との対話の場を持ち、彼らを「領導」しなければとの願いも、現実には暴力的対決を余儀なくされる毎日の連続で、彼らを説得し、感化する手立てをどこにも見出すことができなかった。

彼らの心を開き、彼らを変革せしめる言葉を持っていないことが問題なのだと、私は思った。幾多の学生運動の中で、確かに私は彼らに語り掛けるべき〝生きた本物の言葉〟を見失っていた。自らの思想力、感化力の貧困さが悲しくて悲しくて仕方がなかった。

多くの学友を変え得る開かれた言葉を持ち得ないで、仲間内だけで決意し合い、使命感に浸っていたって、それが一体何になるのか。現実に対して何ら変革力を持ち得ない自己満足的な運動をこれ以上何年繰り返しても無意味だ、と私は痛切に感じるようになった。

ちなみに、前述した「領導」とは、「指導して統率する」の意で、恩師から「全学連と対決するのではなく、領導してください」と言われたことがきっかけである。対立を乗り越えるという課題を突き付けられたことが、半世紀を経た今も、私を突き動かす原動力となっている。

一般学生や左翼学生とのすれ違いの奥にある戦後という時代、戦後思想、戦後教育とは一体何であったのかという根本的疑問を一つ一つ埋めていく必要性を感じ、懸命な努力に徹しようと堅く心に誓った。

そのような中、全国紙の全ての一面トップ記事に、米陸軍、海軍の機密文書が米国立公文書館で公開、と大々的に報じられたことを受け、同資料調査のために米大学院留学を決意したのだ。そこから研究者への大転換の人生が始まってゆく。

## 教室に響き渡った早稲田大学校歌

当時の大学状況は前述した通りであるが、感動した出来事があったことにも触れておきたい。

半年間のバリケードストライキの後、やっと始まった授業であったが、革マル派の活動家が教授一人ひとりを厳しく追及して、正常な授業が行われない異常事態が続いていた。

その中でひときわ目立ったのは、文化人類学の西村朝日太郎教授であった。活動家が怒鳴り立てる大教室で、「皆で起立して早稲田の校歌を歌おう」と呼び掛けたのである。すると、校歌の大合唱となり、不思議な一体感が生まれ、その後静まり返った中で見事な講義が行われた。

深く感動した私は、西村教授の自宅の門を叩き、毎週先生宅で教えを乞うた。西村教授は旅行をしながら絵も描かれたが、私も同行し、色々と個人指導をしていただいた。

その後、私は養護学校の先生に出会い、授業を半年見させていただいた際に、「障害児教育こそ教育の原点」と確信した。改めて大学院で教育学を学びたいと思い、西村教授に指導教授を推薦してほしいとお願いしたところ、早稲田大学の児玉三夫教授（のちの明星大学学長）を紹介していただいた。

それらの不思議なご縁の積み重ねによって、今日の私が存在していることのありがたさをしみじみ思う。

## 占領史研究の予備調査

占領史研究の予備調査のため、まず元文部省調査局審議課長の西村巖氏宅を訪ね、教育基本法の制定過程において、「伝統の尊重」という字句がＧＨＱ民間情報教育局の圧力によって削られたいきさつを詳しく聴いた。当時民間情報教育局と直接交渉にあたった生き証人の証言が、戦後三十五年間、何故かくも無視され隠蔽され続けているのか。全く不可解であると思った。

続いて、憲法学を専攻しておられる早大教授の小林昭三氏の研究室を訪ねた。小林氏曰く、日本国憲法の制定過程に関する米側資料を本格的に調べた日本人は一人もいないという。そこで、私に調べてもらいたい内容を一覧表にして渡米前に手渡すから、是非資料を送っていただきたい、という要望を受けた。

最後に、占領史研究会の会員である福島鋳郎氏宅を訪ねると、このように語られた。

〈占領史研究会といってもね、七～八年前はたった三人だけだったんですよ。その三人が何の展望もないまま御茶の水の喫茶店に集まったのが最初で、現在でも常時月一回参加しているのは、ほんの七～八人だけなんですよ。リーダーの竹前英治先生は長年の御無理な研究がたたって四～五年前から全盲になられ、それでも奥様に英文の資料を音読させて、資料の調査研究を続けておられるんですよ〉

占領史研究の厳しさを感じると共に、そこまでして取り組まれる姿に感動した。さらに、面識のない私を最寄りの駅まで送ってくださる車中で、福島氏のお父様から「息子は四十二歳だけれど、ガードマンをやりながら、一財産を占領史の資料収集につぎ込んでいるんだよ。英語なんて全く分からないのに、もう何回もアメリカに行って資料発掘に懸けているんだよ」という話を聞き、「これは絶対に負けられない！」と強く思った。

## アメリカ留学の出発にあたって

在米占領文書研究のために渡米した昭和五十五年三月（当時三十歳）、渡米直前の切実な思いを手記に綴っているので、紹介したい。

【戦後史研究の実情】

戦後三十年を機に、これまで極秘扱いされてきた占領文書が、日米両国で解禁となり、各新聞社は一斉にワシントンDC取材班を送り込み、大々的にスクープ報道を行った。

国内でも、外務省外交史料館によって、戦後外交文書が公開され、また国立国会図書館による米国立公文書館所蔵のGHQ／SCAP文書の複写収集作業が一昨年より七か年計画でスタートした。

このような中にあって、多くの戦後史研究家がワシントンを訪れ、資料発掘に挑んできたが、そのほとんどがせいぜい一～二か月の滞在で十分な研究成果を上げ得ぬまま帰国の途につかざるを得なかった。

その原因は、英文資料を猛烈なスピードで読み込んでいく語学力の不足もさることながら、ミカン箱大の占領文書（一箱に約三〇〇〇ページの文書が入っている）が、一万二八三箱もあり、しかもそれぞれの箱にどのような資料が入っているか、極めて大雑把な区分しかなされていないことによる研究の困難さにあった。

メリーランド州スートランドにあるワシントン・ナショナル・レコーズ・センター（WNRC）にある占領文書は、総司令部の六年余にわたる占領行政の生の記録で、各担当官がファイルしていた史料が、そのまま箱詰され、米国に移送され、未整理のままここに保管されているため、特定の問題についての資料検索はほとんど不可能に近い。

そこで、この占領文書の史料価値を重く見た日本の国会図書館が七か年計画で全資料をマイクロフィルムに収め、内容項目を整理して、日本に持ち帰ることを決めたが、資金と人材不足のため、実施が大幅に遅れているのが実状なのである。

このように、かくも膨大な資料に本気で取り組もうとすれば、二十年、三十年の歳月を必要とすることは明らかである。しかし全くのフィクションによって塗り固められてきた今までの占領史、戦後史を根底から覆す「新事実の宝庫」が、その検索が極めて困難であるという唯その理由だけのために、未開拓のまま放置され続けていいのであろうか。

## 【わがアメリカ留学の志】

最初は興味半分で始めた戦後史の勉強であったが、研究の実態を知るにつれて、次第にこのような思いが、私の魂の奥底から突き上げてくるのを強烈に感じるようになった。

無条件降伏からポツダム宣言の有条件化を勝ち取る抵抗闘争を戦い抜いてきた護国の英霊たち（過日、秦郁彦氏の自宅を訪ねた折、秦氏が「特攻隊が有条件化をもたらしたのだ」と熱っぽく語られたのを忘れることができない）の、まさに生死を懸けた闘いの歴史を土足で踏みにじり、言葉の限りを尽くして、彼らを罵倒し続けてきたのが、戦後の歴史ではなかったのか。

「後に続くを信ず」と言い残して死んでいった幾多の英霊たちは、今どういう思いでこの戦後日本の現実を見つめているのであろうか。

秦郁彦氏が月刊誌『現代』二月号（昭和五十五年）の「天皇を救った千通の手紙」（秦氏はわずか四日間のWRNC所蔵の「天皇ファイル」調査でこの論文を書き上げたという）で取り上げたような、天皇を守り続けようとした先人たちの、無数の美しい「民族の一大叙事詩」が、戦後の日本人に知らされぬまま、ワシントンの一室に放置され、眠り続けているのである。

江藤淳氏が発掘した『戦艦大和の最期』の原資料は、アメリカの学者の魂を揺さぶり、感動の涙を流さしめた。江藤氏の有条件降伏説は多くの共鳴と支持を集め、ポツダム宣言を逸脱した米政府の占領政策の不当性が、アメリカ人自身によって見直され始めている。

江藤氏は、「学会での発表は、吉田満とその戦友たちの霊を慰めるための、一つの鎮魂の祭儀でなければならない」と述べられた。占領政策の不当性を明らかにすることによって、戦後の虚構を根底から突き崩すために、どうしてもアメリカにある占領文書を掘り起こさねばならない。

二十年かかろうが、三十年かかろうが、私はそのための一点突破口になろうと覚悟を決めた。その決意を父に伝えたところ、「史朗」という名は、史を明らかにする子に育ってほしいとの願いからつけたもので、いよいよ持って生まれた使命を果たすべき時が来たんだと語り、「若竹の伸びのさやかに若鳥の羽ばたき高く飛び立つ吾子《あこ》は」という和歌を贈ってくれた。

## 【米大学院留学の厳しい現実と決意】

近年アメリカに留学する若者は急増しているが、そのほとんどが短期の英語研修か観光を目的としており、大学院を修了する者はごくわずか（三〜四％）に過ぎない。……このような厳しい大学院でのコースワークに加えて、占領文書の発掘を行うことは時間的、肉体的にも至難の業である。

コロンビア大学にも合格したが、『トラ トラ トラ』の原作者のプランゲ教授が持ち帰った「占領期日本出版物（検閲資料を含む）の宝庫」と言われる「プランゲ・コレクション」（江藤淳氏はこの中から『戦艦大和の最期』の検閲資料を発見した）と教育勅語廃止の口頭命令を行った「ジャスティン・ウィリアム・コレクション」のある州立メリーランド大学で学ぶつもりである。

渡米を十日後に控えた今でも、アメリカに留学する自分の人生に不思議な戸惑いを覚えている。全く自分では考えてもみなかった人生の急展開ぶりに、何故こういうことになったのか、自分でも不思議でならないのが現在の偽らざる心境である。

大学院に入ったのも高校教師になったのも、アメリカに留学することになったのも、考えてみれば、全て私個人の好き嫌いの感情や意志から出たものではなく、変革運動に没頭する中で、必然的にそのような生き方を迫られ、私は戸惑いながらその中で懸命に生きてきただけなのであった。

変革運動という一本のレールに乗っかって、ひたむきに全力で生き続けて、気が付いてみると、全く予想もしなかったところに運ばれてきているのを発見して驚いている。そんな人生であったような気がする。おそらく十日後には、ワシントンにいる自分を発見してびっくり仰天する羽目になるだろうが、ともかく、変革運動を貫いている目にみえない意志によって私の人生は一変させられてしまった。

私にとって、学園正常化運動の体験は、戦後という時代の貧困さ、我々の運動の貧困さ（恩師から「全学連と闘うのではなく、領導してください」と言われたことが私の人生を変えた）、そして自分自身の貧困さに、心の底から泣き、悩み、苦しみ抜いた体験の連続であった。

自分は、運動は一体何のために存在するのか。そういつも自らに問い続けてきた。答えは一つ――祖国救済、国家変革のため、これ以外になかった。しからば、お前個人が、運動体が、真に祖国の状況を揺るがすに足る「変革力」を今現在有しているか否か。これこそが、我々の存在意義を決する、決していい加減に誤魔化すことは許されない、ギリギリの問いであった。このギリギリの問いに、私は「否！」と答えるしかなかった。そして変革を志す一人ひとりが確実に「変革の一点突破口」となるしか、祖国救済の道はないと確信するに至った。……いざ出陣である。

留学出発前、友人達からの寄せ書き

# 第二章　占領文書二四〇万ページ研究に臨んだ米国留学

## WGIPの原文書の発見と占領史研究の歩み

ＷＧＩＰ（ウォー・ギルト・インフォメーション・プログラム）――日本人に戦争犯罪の意識を刷り込む情報宣伝計画――については、平成七年に拙著『検証・戦後教育』（モラロジー研究所）、平成九年に『歴史教育はこれでよいのか』（東洋経済新報社）、『歴史の喪失』（総合法令出版）の三冊の著書で紹介した。

これはＧＨＱ文書に含まれているＣＩＥ（民間情報教育局）文書の中の三十九頁（明星大学戦後教育史研究センターが保管している約二四〇万頁に及ぶＣＩＥ文書のマイクロフィッシュ三万枚の中に収められている）の原史料に基づいて書いたものである。

明星大学戦後教育史研究センターに調査に来られた関野通夫氏に、勝岡寛次氏がこの原史料を手渡し、関野氏はこの原資料に基づいて『日本人を狂わせた洗脳工作――いまなお続く占領軍の心理作戦』（自由社）を平成二十七年に出版された。

同書が注目を集めたため、関野氏がＷＧＩＰの原文書を発見したという誤解が広がったが、そうではないことを明らかにしておきたい。ＷＧＩＰの原文書に基づく実証的研究は、三十年以上前に拙著で発表していたのである。ちなみに、拙著『検証・戦後教育』の第一章「米軍『日本人洗脳計画』五十年の大成果」において、ＷＧＩＰの三段階の計画について原文書に基づいて詳述している。

ＷＧＩＰについて最初に取り上げたのは江藤淳著『閉ざされた言語空間――占領軍の検閲と戦後日本』（文藝春秋）である。

江藤氏と私がアメリカに留学してワシントンＤＣの郊外にある米国立公文書館別館やメリーランド州立大学の「プランゲ・コレクション」の検閲文書の調査研究をしていた昭和五十五年（一九八〇）頃、ＷＧＩＰに関する江藤氏と私の研究は、当時の文書公開の制約からこの三十九頁のＣＩＥ文書の原史料に限定されており、米対日心理戦略との連続性の中でＷＧＩＰを位置付けられず、またＷＧＩＰの源流と今日への影響を含む全体像を捉えられない点に限界があった。

英国立公文書館所蔵の機密文書等によって、コミンテルンの日本代表であった野坂参三が「軍国主義と人民・兵士を区別する」毛沢東の基本方針に従い、毛沢東の八路軍が創設した日本労農学校の校長として実践した「日本兵捕虜の洗脳教育」がＷＧＩＰのモデルとなったことが判明した。

この日本兵捕虜の洗脳教育の成果は、中国が平成二十六年にユネスコ「世界の記憶」に登録申請した南京虐殺について証言した戦犯日本兵千人の供述書として受け継がれている事実に注目する必要がある。

ワシントンナショナルレコードセンター前にて

ＷＧＩＰをリードしたブラッドフォード・スミスやボナー・フェラーズの関連文書や彼らが所属していたＯＷＩ（戦時情報局）やＯＳＳ（戦略諜報局）の文書、ＯＷＩの外国戦意分析課の主任として対日心理戦略の基礎理論を構築したジェフリー・ゴーラーと、彼がその後任者にしたルース・ベネディクトの文書が、英サセックス大学、米ヴァッサー大学で次々に公開され、拙著『日本が二度と立ち上がれないようにアメリカが占領期に行ったこと』（致知出版社）、『日本を解体する』戦争プロパガンダの現在――ＷＧＩＰの源流を探る』（宝島社）において、これらの一次史料に基づき、ＷＧＩＰの思想的、実践的源流について考察し、今日への影響についても明らかにした。

一次史料の調査をしたのは、英米加の国立公文書館、英サセックス大学のゴーラー文書、米ヴァッサー大学のベネディクト文書、米議会図書館のミード文書、米国立公文書館のＯＳＳ・ＯＷＩ文書、スタンフォード大学フーバー研究所とマッカーサー記念館のフェラーズ文書、コロンビア大学バトラー図書館の太平洋問題調査会文書、オレゴン大学ナイト図書館のウッダード文書、スワースモア大学のミアーズ文書、ハーバード大学ホートン図書館のグルー文書、トルーマン大統領図書館のバンス・トルーマン文書、メリーランド州立大学マッケルディン図書館のウィリアムズ文書、ＵＣＬＡチャールズ・ヤング研究図書館のスミス文書、コーネル大学のティンパーリ関係文書、イェール大学図書館、ブリティッシュ・コロンビア大学図書館である。

## ＷＧＩＰ策定に至る経緯――対日心理作戦との連続性

一九四一年七月十一日にフランクリン・ルーズベルト米大統領はアメリカの情報・プロパガンダ機関としてＣＯＩ（情報調整局）を創設し、同年十二月から翌年六月にかけて、対日心理戦略をまとめた日本打倒プラン「日本計画」を準備した。その土台になったのは、英社会人類学者のジェフリー・ゴーラーの論文「日本人の性格構造とプロパガンダ」であった。

一九四二年六月十三日、大統領命令一八二に基づいて、COIはOWI（戦時情報局）とOSS（戦略諜報局）に発展し、前者は「ホワイト・プロパガンダ」、すなわち「情報源が明らかな広報的宣伝」を担当し、後者は「ブラック・プロパガンダ」、すなわち「情報が非公然で偽のメッセージ」を使った敵国への宣伝活動を担当した。

ゴーラーとベネディクトを中心とする日本人の性格や行動パターンの研究と、日本兵捕虜の供述書や聞き取り調査に基づき、日本兵の士気を低下させ、投降を促す目的で行った対日心理作戦の中心スタッフが占領初期のCIEの主要幹部に登用されたことによって、戦前のOSS、OWIの対日心理作戦がCIE（民間情報教育局）のWGIPに引き継がれることになった。この対日心理作戦とWGIPの連続性に注目する必要がある。

WGIPをリードしたブラッドフォード・スミスはコロンビア大学卒業後に来日し、立教大学や東京大学講師として、英米文学等を教えていた。アメリカに帰国後、一九四一年からOWIの対日心理作戦を担当し、同年三月に「日本精神」、四月に「日本――美と獣」という論文を、コミンテルンの外郭団体「アメリカのシナ人民友の会」の機関紙『アメレイシア』に発表した。

その後、同年六月に創設されたOWIの中部太平洋作戦本部長に任命され、九十人の専門家と執筆陣を率いて、日本の敗戦までプロパガンダ戦を陣頭指揮した。一九四五年九月七日に横浜に上陸し、CIE企画作戦課長として『太平洋戦争史』を編集・出版し、文字通りWGIPを陣頭指揮した。

一方、ボナー・フェラーズは一九四二年七月にOSSに配属され、一九四三年の同南西太平洋地域総司令部参謀第五部長となり、一九四四年六月に新設された心理作戦部（PWB）の部長として対日心理作戦を先導し、同年十一月、同司令官（マッカーサー）軍事秘書官、一九四五年六月、米太平洋陸軍司令官（マッカーサー）軍事秘書官に任命され、対日心理作戦のプロたちをCIEの幹部に登用し、対日心理戦略をCIEに引き継ぐ役割を果たした。

COIからOWI、OSSに受け継がれた対日心理戦略は、国務省のPWC（戦後計画委員会）とSWNCC（国務・陸軍・海軍三省調整委員会）という対日占領政策の最高決定機関を経て、GHQの民間情報教育局（CIE）に継承され、WGIPとして結実したのである。

OWIによる「日本人の再教育・再方向づけ」プログラムとなり、これが米国務省に受け継がれた背景には、ハル国務長官の日本の伝統精神に対する誤解があった。

ハル国務長官は「日本の軍国主義は国民の伝統に基づいているという点において、ドイツやイタリアとは異なる」と指摘し、ドイツのナチズムやイタリアのファシズムとは異なる日本精神の特異な「病的特性」を強調し、「再教育、再方向づけ」によって積極的に介入して心理的誘導をしなければ、日本国民の伝統精神に根付いた軍国主義を排除することはできないと考えた。

この誤解の背景には、神道と軍国主義を混同したアメリカの神道学者D・C・ホルトムやゴーラー、ベネディクトらが日本人の国民精神の「病的特性」を「伝統的攻撃性（侵略性）」、すなわち日本人の「本性に根差す伝統的軍国主義」と捉えた思想的影響があったと思われる。

また、「イタリアとドイツでの失敗の分析」という報告書によれば、「積極的で統合されたプログラムの事前の準備の欠如」が独伊の戦後の統治の失敗原因と分析されていた。その教訓から「再教育・再方向づけ」についても、積極的で統合されたプログラムが必要と認識されるに至ったのである。

これがＳＷＮＣＣの「米国の初期の対日方針」に受け継がれ、「再教育、再方向づけ」を狙う「精神的武装解除」構想の最重要政策として、ＷＧＩＰが策定されたのである。

ところで、ＯＷＩ文書、ボナー・フェラーズ文書、ブラッドフォード・スミス文書によれば、ＷＧＩＰの策定を主導したのは、フェラーズ、スミスとＣＩＥ局長のケネス・ダイクであった。

## ボナー・フェラーズ文書に見る対日基本心理作戦

一九四五年四月十二日にフェラーズが記した対日基本心理作戦によれば、「戦争についての真実を特定の人々に知らせるビラや放送を実践すること。死者と壊滅状態が続いているので、心理作戦の継続努力を地域的に拡大し、死なないためには平和を求めることだということを市民に順次思い起こさせることだ」「日本人の行動パターンを知ることは心理作戦に有効だ。我々が広める情報に日本人は冷静に効果的に方向づけられる」と記されている。

そして、「日本人の生活を再方向付け」するために、「結論」として次の三点を列挙している。

・日本人を説得して士気を弱体化させる。

・軍部に戦争責任を負わせる――①本国、戦場での無能力、②戦争に関して嘘を報道した、③人種偏見を説いた、④西洋人を誤解させた、⑤軍部に国の災難の責任を負わせる、⑥天皇と国民との間にくさびを打つ

・国民に次のことを啓発する――①自己救済、②国に残されたものを救済するよう約束する、③軍部を崩壊させ平和的政権を樹立する、④アメリカの慈悲に頼る、⑤我々の条件に基づいて平和を求める。

具体的な「心理作戦の方法論」としては、以下の「作戦」を指示している。

・真摯に真実を語る。決して間違った情報を伝えない。
・説得力ある話し方をし、自慢をしない。
・弱点を突くように仕向ける。決して敵の戦力を攻撃しない。
・敵の暴漢を攻撃する。決して日本国民を攻撃しない。
・軍部を嘲笑する。国民を嘲笑したり、傷つけたりしない。
・作戦目的を婉曲に訴える。極度の宣伝をしない。
・「出口」を示す。結果を示さずに問題提起をしない。

・天皇を攻撃せず、適切な時期に作戦目的遂行に利用する。天皇を攻撃して国民の反感を持たせないようにする。

同文書で興味深いのは、「日本人の行動パターン」の分析として、「国家と家族に対する執着」を挙げ、「日本人ほど家族の絆が強い民族はない。彼らの信仰の根源は親孝行である。兵士もその家族も他の人々の悩みが分からない。前戦での苦悩の場面を兵士の本国の家族の場面に移すと、また前線で兵士が、家族が耐え忍んでいる貧困や苦難を知ることは士気を混乱させる」と記している点だ。

次に「天皇崇拝」として、「日本社会の基盤を為すものは従順と忠誠である。祖先崇拝の教義に神道が組み込まれていることを知るには、なぜ天皇が最高の崇敬を受けているのか、なぜ天皇の宗教的尊厳は侵されることがないのか、そしてなぜ天皇の存在が精神的に不可欠であることが衰退しないのかを理解する必要がある。戦争終結後、天皇に何が起ころうとも、もし彼が我々の条件に沿った平和を是認すれば、それは兵士の生涯の摂理となるであろう」と述べている。

さらに「武士道」について、「日本人は武士道、大和魂によって躾《しつけ》られている。牛若丸と弁慶の話が引用される。両者は敵同士であったが、弁慶が負けると、彼は牛若丸の忠実な家来になる。このように敵対者の家来にもなるというのが日本の武士道である。忠誠を尽くし死もいとわない。日本兵は生きている限り敵に与《くみ》しないが、任務を完遂できないと日本兵でなくなり、第二の人生を求め別人になる。かくして我々の捕虜は弁慶のように生まれ変わる」と述べ、以下のように結論づけている。

〈我々が「陸軍空軍壊滅」と惨めな状態を示す真実を告げたビラを投じる。本土のあらゆるところに真の情報が行き渡り、崩壊が迫れば国民が軍部を打倒するだろう。平和が何らかの形で得られるならば、日本人は戦争を止めるだろう。戦争を止めさせることのできる人物は唯一天皇だけである。天皇の命によって本土決戦を避けられる。これは完全に信任された勅命として発せられるのでなければ国民は信じない。天皇を殺害して二五〇〇年にわたる国民の天皇崇拝を阻害してはならない〉

## 対日占領教育政策の狙いは「日本人の再教育・再方向付け」

アメリカ政府の戦後計画は一九三九年九月に始まり、対日占領政策立案の中心となった国務省は同年から一九四一年にかけてさまざまな諮問委員会を設置した。

対日占領教育政策に関連する文書として、戦時情報局（ＯＷＩ）が作成した「日本における教育――その全般的背景（一九四三年十一月三十日）」、「日本における教育――教育課程アメリカ政府の戦後計画」は一九三九年九月に始まった。

対日占領政策立案の中心となった国務省の報告書（一九四四年一月十日）、戦略課報局（ＯＳＳ）の調査分析部がまとめた報告書「日本の行政――文部省」（同年三月六日）があり、同報告書の第三部「占領下の教育統制」を削除した全文が、陸軍省民事部によって『民事ハンドブック　日本――第十五　教育』として編集され、占領軍政要員用の教科書として活用された。

一九四三年十月に国務省内に関連部局間の意見調整を図るために、部局間極東地域委員会（ＥＥＡＣ）、翌年一月に国務省の最高立案機関として戦後計画委員会（ＰＷＣ）が設立され、ヒリス・ローリーの草案「日本・軍政下の教育制度」（一九四四年七月一日）について審議が行われた。

後に米国教育使節団で重要な役割を果たす人類学者のボールスがこの審議に加わり、一九四四年十二月に最高政策決定機関として設立された国務・陸軍・海軍三省調整委員会（ＳＷＮＣＣ）の極東小委員会（ＳＦＥ）にボールス草案「日本教育制度」（一九四五年七月三十日）が提出された。

日本のポツダム宣言受諾が予想以上に早かったため、一九四五年八月二十二日にマッカーサーに通達された「降伏後における米国の初期の対日方針」（ＳＷＮＣＣ１１５０／３）に基づき、占領方式が直接統治から間接統治に変更されることになり、一九四六年二月に、「日本人の再方向づけのための積極政策」（ＳＷＮＣＣ１１６２／４）を米政府の正式な政策として決定し、戦後日本の教育改革を主導した民間情報教育局（ＣＩＥ）の全活動を導く基本方針となった。

この積極政策は「（再教育・再方向づけの）全プログラムの型と範囲は、アメリカと連合諸国のコントロールが撤去された後にも日本人自身によって遂行されるようにデザインされるべきである」として、以下の三点を強調した（傍線筆者）。

〈日本人の心にまで影響を及ぼし、民主主義的な心性を創出するために、連合国軍最高司令官はあらゆる分野における信頼できる日本人（女性を含む）を通じて、間接的に日本人民に接近すべきであり、そのような日本人にはこれらの目的を達成するにふさわしい地位と助言、援助、指導が与えられるべきである。また、すべての情報媒体を利用し、その方法は教訓的であるというよりはむしろ説得的でなければならない。さらに再方向づけには、情報、教育、宗教の情報路を通じて行われるべきである〉

前述したボール草案「日本の教育制度」はこれを踏まえて修正され、一九四六年八月に「日本教育制度の改訂のための政策」（ＳＷＮＣＣ１１０８／１）として承認され、日本人再教育計画として位置づけられ、第一次米国教育使節団報告書に基づく対日占領教育政策を正当化した。

## ＧＨＱ内に潜んでいた共産主義者

ＷＧＩＰのモデルとなった日本兵捕虜洗脳教育とスミスとの接点についての考察に移ろう。

英国立公文書館所蔵のＭＩ５（英情報局保安部）が調査した個人ファイルの「共産主義者と共感者」というカテゴリーに分類された「ノーマン・ファイル」のトップシークレットの機密文書がある。それによれば、カナダ外務省からＧＨＱの対敵諜報部の調査課長として出向し、マッカーサーと昭和天皇との会見に同席し、マッカーサーの信任の厚かったハーバート・ノーマンは共産主義者としてマークされていたことが、コミンテルン本部との暗号通信の解読によって判明した。

また、ＧＨＱで治安・情報を担当する参謀第二部並びに民間諜報部部長のチャールズ・ウィロビーの調査によって、ノーマンがコミンテルンと深い関係にある太平洋問題調査会（ＩＰＲ）の職員に、共産主義者の資料をカナダ経由で郵送することを約束する手紙のコピーが発見された。

ちなみに、ウィロビーの『ＧＨＱ知られざる諜報戦――ウィロビー回顧録』（山川出版社）によれば、ＩＰＲは共産党員とそのシンパの支配下にあり、ＯＷＩ（戦時情報局）のウィリアム・Ｌ・ホランド局長はＩＰＲの手先で、フィッチが面会したオーエン・ラティモアも共産主義者であった。

## ＷＧＩＰの実践モデルとは「軍国主義者」と「国民」の架空の対立

山本武利編訳『延安リポート――アメリカ戦時情報局の対日軍事工作』（岩波書店）によれば、中国の延安で日本兵捕虜洗脳教育を行っていた野坂参三がＯＷＩに定期的に送っていた「延安リポート」は、直接スミスにも送られていた。

スミスは野坂が陣頭指揮した延安での日本兵捕虜洗脳教育をモデルとして、『武器うるはし』という小説を書き、冒頭に「この物語の人物は、架空のものであるが、状況は、こ

左がジョン・エマーソン氏、右は筆者

の書の最後の数章も含めて、多くの実例の通り、中国で実際に起こった事実によるものである」と明記している。

英国立公文書館所蔵のジョン・エマーソン（マッカーサーの政治顧問付補佐官）証言（一九五七年三月十二日の米上院国内治安委員会）により、ＷＧＩＰの実践的原型は「軍国主義者」と「国民」という架空の対立を導入して、「軍国主義者」という共通の敵の打倒を目指す延安での日本兵捕虜洗脳教育にあったことが新たに判明した。

ちなみに、私は一九八一年からエマーソンとはスタンフォード大学フーバー研究所で二年間一緒に過ごす機会を得られた。

## 私が臨教審の専門委員に選ばれた理由

戦後教育史の定説は「教育勅語体制から教育基本法体制へ」というスローガンに集約されており、教育理念がコペルニクス的に転換され、「戦後の教育基本法は戦前の教育勅語を否定して成立した」と教えられてきたが、事実はそうではなかった。
在米占領文書の研究と占領軍の通訳として教育基本法の制定に深く関与した高橋昇氏への自宅インタビューによって、GHQ民間情報教育局（CIE）主導で行われたことが判明した。

教育勅語がGHQ民政局の「口頭命令」によって廃止させられた過程と併せて、中曽根政権下の政府の教育審議会「臨時教育審議会」の総会で、同第一部会の専門委員であった私は詳細な報告を行い、「審議経過の概要」に明記された。

左が高橋昇氏、右がトレイナー氏

当時三十三歳の最年少委員として私が選ばれたのは、臨時教育審議会設置法に「教育基本法の精神に則り」という文言が明記されていたからだ。そのため、「教育基本法の精神」とは何かを明らかにする必要があった。

私は、教育基本法の成立過程を、在米占領文書を実証的に研究し、教育基本法の制定を実質的にリードしたCIEの教育課課長補佐のトレイナー文書調査を踏まえて、オレゴン大学のトレイナー研究室でインタビューを行い、その通訳を担当した高橋昇氏のインタビューも行っていたので、白羽の矢が立ったわけである。

## 教育基本法は、教育勅語を否定していない！

教育基本法の日本側前文案には「伝統を尊重し」という文言があったが、トレイナーがこの文言を削除した。その理由をトレイナー氏へのインタビューで問いただしたところ、「通訳の高橋昇氏が、伝統を尊重するということは軍国主義に逆戻りすることを意味する」と述べたからだと証言した。「日本の伝統＝軍国主義」というとんでもない誤解によって前文案から「伝統を尊重し」という文言が削除されたのである。

当時の日本政府の公式見解によれば、教育基本法には教育勅語の良き精神が含まれており、教育基本法という「法」と教育勅語という「道徳」は補完併存関係であると捉えられていた。

道徳の土台の上に法律があって、対立関係ではないと捉えていたが、ＧＨＱの「口頭命令」によって教育勅語が強制的に廃止させられた。そして、教育基本法の前文から「伝統を尊重し」という文言が削除されたことによって、戦前と戦後の教育理念の連続性が否定され、教育勅語を否定して教育基本法が制定されたという戦後教育史の定説が形成されたのである。

## 「戦争犯罪」を理解させるために共産主義者を利用したＧＨＱ

史料の発見や証言によって、占領政策の実態が明らかになりつつあるが、ＷＧＩＰは決して過去の遺物ではないことを肝に銘じたい。というのは、それを原因とする影響が、特に「歴史戦」において今日にも及んでいるからである。

ＷＧＩＰの今日への影響という点で注目されるのは、『太平洋戦争史』を歴史教育に導入し、東京裁判報道に対するメディアへの徹底した情報操作（コントロール）が行われたことである。

東京裁判史観、太平洋戦争史観が戦後日本の教育界とマスコミ界に内在化されるに至った背景には、占領初期にＷＧＩＰの目的である「戦争贖罪意識」を日本国民に植え付けるために共産主義者を徹底的に利用したという事情があった。

ＧＨＱ月報（一九四五年十月～十一月）にはこう記されている。

〈占領軍が東京入りした時、日本人の間に戦争贖罪意識は全くといっていいほど存在しなかった。彼らは日本を戦争に導いた歩み、敗北の原因、兵士の犯した残虐行為を知らず、道徳的過失の感情はほとんどなかった〉

それ故に、「戦争についての罪悪感を日本人の心に植え付けるための情報宣伝計画」であるWGIPが策定され、その中核に「南京大虐殺プロパガンダ」が位置付けられたのである。CIE（民間情報教育局）は日本国民に「戦争犯罪」を理解させるために共産主義者を活用し、延安から帰国した野坂参三や羽仁五郎と密談を重ねた。そして、ラジオの座談会に一か月で十人近い共産主義者を出演させ、宮本顕治、志賀義雄らを登用した。

ラジオの「出獄者に聞く」に出演したのは、全員が共産党関係者で、共産党の宣伝番組と化していたが、スミスの帰国に伴って中止された。

一九四五年七月に作成された対日心理作戦報告によれば、友好的な自由主義者として、野坂参三、加藤シズエ、鹿地亘、加藤勘十等を挙げ、CIEは彼らを積極的に活用した。そして徹底的に情報を操作したWGIPによる「閉ざされた言語空間」の影響が、戦後のマスコミ界に深刻な影響を及ぼした。

また、GHQの進駐開始と同時に、CIEは昭和八年（一九三三）に創設された「歴史学研究会」のメンバーと接触し、『真相はかうだ』（ＧＨＱの民間情報教育局が占領下の日本の民主化を推進するために、企画、演出、制作したラジオ番組）とは別に、一回三十分で全十二回のラジオ番組『日本人民の歴史』をＣＩＥ教育課の指導の下に作る準備を進めた。

しかし、「日本民主化政策は行き過ぎ」という占領政策の転換により、同番組は中止となり、『日本人民の歴史』の日本側の中心人物であった三島一が委員長に就任して、「歴史教育者協議会」が昭和二十四年（一九四九）に創設された。

## ＷＧＩＰの今日への影響

ＣＩＥの指導の下に共産党系の歴史学研究会が協力して日米合作の「日本歴史の書き換え」を目指したことが、太平洋戦争史観とコミンテルン史観（マルクス主義史観）の癒着した戦後の我が国の歴史教科書のベースとなった。

そのことを象徴的に示しているのが、日本書籍の中学歴史教科書の扉のページに掲載された「朝鮮の独立を喜ぶ」人々の写真と、大阪書籍の中学歴史教科書の近代史の扉の頁に掲載された「反日義兵運動に立ち上がる朝鮮人」の写真と、軍服を着た昭和天皇が地球の上に乗って血のしたたる剣を持って立っている絵（タイトルは「アジア支配を夢見る日本」）

である。

これらの写真や絵は、明治の天皇制絶対主義国家が侵略戦争の原因と捉えるコミンテルン史観の反映であり、ＧＨＱが占領当初に積極的に支援し利用した共産主義者の「反日的自虐史観」の代表例といえる。

スミスの論文「日本――美と獣」が、次の一文でしめくくられていることは極めて示唆的である。


〈今は世を忍んでいる自由主義的な指導者たちに、過去の原始的な怪獣が決して再び台頭しないよう建設する機会を保障するため、私たちに何ができるであろうか〉


スミスはこの通りに野坂参三を中心とする共産主義者を積極的にＷＧＩＰの担い手として活用・支援した。ＣＩＥが羽仁五郎らと密議を重ねて日教組を作り、共産主義的歴史研究者・教育者と連携したことが、戦後の「反日的」歴史教育の土壌を形成し、一九九〇年代に国際問題化した教科書問題、首相の靖國参拝問題、慰安婦問題をめぐる「歴史認識問題」に発展したといえる。

いずれの問題も「反日日本人」が国際的に火を付けて、マッチポンプ式に日本に持ち込んで騒ぎ立てている点が共通している。近年の日本軍慰安婦をめぐる論争も全く同じである。

平成二十六年（二〇一四）十月に歴史学研究会が、「政府首脳と一部メディアによる日本軍『慰安婦』問題についての不当な見解を批判する」と題する声明を発表し、世界に発信した。

これを受けて、翌年二月に十九人の米歴史学者が、五月には欧米を中心とする一八七人の日本研究者が「日本の歴史家を支持する」と題する声明を出し、五月十五日に日本の歴史学会・歴史教育者団体が声明を発表した。

占領軍がいなくなった後も占領政策を継承し、拡大再生産させるために、CIEが反日歴史学者・教育者を積極的に支援、活用した成果が、こうした「歴史認識問題」を生み出し、近年のユネスコ「世界の記憶」への「南京虐殺」並びに「日本軍慰安婦」文書の登録申請に直結している点を見落としてはならない。

## 「友好的日本人」と羽仁五郎

米陸軍情報部は一九四五年八月二十一日、「友好的な日本人」と題する極秘文書を作成し、

ＧＨＱに協力することが期待される人物三六三名をリストアップし、「probably useful」「possibly useful」という評価を付していた。

とりわけＣＩＥ（民間情報教育局）に積極的に働きかけたのは羽仁五郎であった。羽仁は昭和二十年十二月一日に全日本教員組合（全教）を結成し、委員長に就任し、翌日に日本教育者組合（日教）が結成され、賀川豊彦が委員長に就任した。

いずれもＧＨＱにとって友好的日本人であり、ＣＩＥは羽仁五郎を「社会史家、作家、左翼」と評し、「日本の教育の民主化という共通の目標」を実現する上で役に立つ人物と評価していた。

ＣＩＥは羽仁を中心とする教員組合の代表メンバーとの会合を重視し、両者が関心を持つ教育問題について長期間にわたって討論し、教員組合が成長していくことを望んでいた。昭和二十一年三月十八日の秘密会談（二十九頁に及ぶ会議録に「Confidential」と書かれた判が押されている）において、羽仁は次のように発言している。

〈文部省には約五、六十名の超国家主義者がおり、「暗黙の抵抗」をしている。（「証拠を入手し、彼らを審査せよ」とのＣＩＥ幹部のメモあり）安倍文相と田中耕太郎学校教育局長は「天皇と民主主義とは矛盾しない」と繰り返し述べており、民主化に対する誠意がない。漢字の使用は日本の教育を民主化する上で大きな障害である。……軍国主義的な大日本教育会の会長が教育者の代表として選出された。文部省は小学校の校長に対し、校長は天皇制を支持しなければならないという秘密の訓令を与えた。……文部省の「戦争犯罪」に関する記録を調べ、提供しましょう〉

羽仁はＣＩＥが教員組合を援助するよう積極的に働きかけており、昭和二十一年一月二十二日の会合で、ニューゼントＣＩＥ局長と次のようなやり取りを行っている。

〈**羽仁五郎**「教科書改訂と目下作成中の教師用マニュアルの準備過程において、労働組合の声を取り上げてほしい。ＣＩＥは教員組合を奨励すべきだ。貴方を信頼しているので、もっと強力な指導性を発揮していただきたい」

**ニューゼント**「ＣＩＥは労働組合に共鳴している」〉

このような黙契関係は大日本教育会の佐野利器会長とＣＩＥの間にも成立し、ＣＩＥは彼を利用して、教員組織を日本教育会から日教組に一大転換させた。

## 日教組はいかにして誕生したか

日教組の誕生については、次のようにたどることができる。

**【昭和二十一年八月二十二日、オアCIE教育課長のオア・佐野密談メモ】**

〈佐野利器教授は、大日本教育会が日本の教育に貢献しなかったことに同意しており、このやりがいのある計画については、実行できると思っている。彼はCIE教育課と密接な連絡を取っていきたいと語った。彼はいつでも密通を請け負うだろう〉

**【同年十一月三十日、トレイナー教育課長補佐からニューゼントCIE局長宛のメモ】**

〈大日本教育会及び同様の組織は、占領下において機能し存在することは許されない。大日本教育会を改革した日本教育会は、文部省との関係を持続するのであれば、存続を許されない。CIEと教育課は、民主的専門組織として機能することを申し出た如何なる教員組合をも支持する〉

**【日付不明「日本教育会分裂の危機に際し、貴方の御判断を請う」と題された佐野利器からトレイナー宛文書】**

〈私は前に貴方から指導を受けました線に従いまして、日本教育会の再建に全力を傾けてきました。日本教職員組合が一九四七年六月、全国組織として出発して以来、日本教育会解体を目途として、その組織を乗っ取り、活動と財産を彼らの手中に収めんとしております。このことにつきましては、既にＣＩＥ局長に報告書を提出し、御意見を伺いました。しかし、組合指導者は地方教師を扇動し、教育会の地方組織を解体し、その活動及び財産を横領せんとしています。教員組合の代表者がマッカーサーの助言に関して暴露しまして、会を混乱させました。近く開催されます全教協の総会において、組合の多くの指導者が地方の教育会の代表者として出席し、日本教育会を解体し、その財産（特に東京の日本教育会館）を日教組に接収せんとする提案をすることは明白です。教員組合の利用が過ぎるのではないでしょうか？　……この緊急事態に何らかの処置をとられるか、貴方の御判断に基づき宜しく御指導賜らんことを真摯に且つ誠実に願うものであります〉

　ちなみに、佐野利器が日教組による「組織の乗っ取り」について、ＣＩＥに報告した報告書には、次のようなことが書かれている。

**【東京都教職員組合幹部の非違暴状についての報告（昭和二十二年八月二十五日）】**
〈東京都教職員組合の暴状はますます激化するのみであり、遂に重大なる最終的場面を展開するに至った……今や「二万教員の決議により団結の力を以て教育会館を不法占拠する」との申し入れに接しては、到底黙視することはできない。涙を呑んでこの事実を訴え、公明なる判断を請う次第である〉

**【教員組合幹部と日本教育会事務局長との会談要旨（抜粋）】**
※薄井・宮生＝教員組合幹部、古谷＝日本教育会事務局長

薄井「我々は東京都二万教員を代表している。その大衆の決議によって入用の部屋は勝手に使う。それは我々の自由だ」
古谷「重ねて言っておく。教育会館は社団法人日本教育会のものであり、君たちが自由に使う権利はない」
宮生「夏休み明けになれば、執行委員百数十名が執務する所がない。だから使うのだ」
古谷「自分でその場所を作るべきだ」
薄井・宮生「理事室も会議室も、教育会の事務室へも我々が侵入して使う。一方的に申し

入れておく」

**古谷**「そんな申し入れなど聞かない。絶対に服従しない」

**薄井**「承認せぬでもいい。我々は一方的に不法行為に出るだけだ」

**宮生**「団結の力でやる。いづれ来月は我々の手中に入るのだから」

**古谷**「誰の手中にどうして収まるのだ。いかなる根拠でそんなことが言えるのか」

**宮生**「教員大衆が力を以て手中に入れるのだ。それまでは室料など納めないで貯めておく」

**古谷**「君たちは東京都二万の教員大衆と言うが、教員がそんな無法なことを容認しているのか。そんなことは僕は信じない。この教育会館はそんな不法なことで動かされるものではない」

**薄井**「会長室も局長室も、我々が使うことを申し入れておく」

## 見捨てられた「友好的日本人」

このようにして、最終的に日本教育会の役員は日教組の幹部によって乗っ取られ、日教組委員長の荒木正三郎が教育会の会長に就任した。

昭和二十三年八月、教育会の役員となった日教組の幹部たちは、日本教育会の解散を強行し、教育会館を乗っ取って不法に占拠し日教組の教育会館にしてしまったのである。こんな暴挙が許されていいものであろうか。

これによって、日教組は文字通り日本の教員組織を代表する団体となるに至ったのである。

占領軍の民間情報教育局（ＣＩＥ）は「友好的な日本人」である羽仁五郎と佐野利器と密通し、彼らを利用しながら、日教組を支援し、用がなくなると容赦なく見捨てた。

やがて、国際情勢の変化に伴う「逆コース」によって占領政策が大きく転換し、占領下の教職員適格審査で「裁く」側の立場にあった教員たちや、ＣＩＥによって「育てられた」日教組の幹部ら全国で約一七〇〇名の赤い教員たちが、レッド・パージにより「教職不適格者」として追放されたことは、まさに歴史の皮肉であった。彼らもまたＣＩＥによって利用され、最終的に見捨てられたのである。

## 私の占領史研究に注目した三名の人物

**【ソニー名誉顧問・井深大氏――帰国後、一番最初の講演依頼】**

三年間の在米占領文書研究を終えて帰国し、最初に講演を頼まれたのはソニーの井深大名誉顧問であった。

直接電話で依頼を受け、三時間ソニーの幹部に講演したが、すべて質疑応答であった。私の論文を全員が既に読んでおり、鋭い質疑応答の連続で、これまでの学会発表では経験したことのないものであった。

講演後、井深氏は別荘に籠られ『あと半分の教育』（ごま書房新社）という新刊書を書き上げ、「あなたの講演を中心にしてまとめたので間違いがないか入念にチェックしてほしい。御礼はソニーの製品の好きなものを選んでください」と言われて驚いたが、お言葉に甘えて、一番豪華なステレオをいただいた。

同書は大きな反響を呼び、戦前の教育との連続性を必要以上に断ち切ってしまい、「あと半分の教育」である道徳教育の欠落が教育荒廃の根因の一つであるとの認識が広範な支持を得た。


**【三菱総合研究所・中島正樹氏――幻の三菱総合学園構想】**

臨教審専門委員時代に、三菱総合研究所の中島正樹社長・相談役が明星大学の私の研究室を訪ねてこられ、開口一番「髙橋先生にお願いがあって参上しました。三菱総合学園（幼稚園から大学まで）の設立計画書を持参したので、お目通しいただき、明星大学を辞めて学園長を引き受けていただけないか。すでに八王子に土地も用意している」と熱弁を振るわれた。

初対面であったが、そのお話しぶりから人格と識見の高さが伺われ、心を揺り動かされたが、三十四歳で政府の臨教審専門委員に選ばれ、新進気鋭の教育学者ともてはやされ傲慢になっていたこともあり、設立計画書に一瞥《いちべつ》もしないで、「申し訳ありませんが、私は三菱のために働くつもりはありません。お断り致します」と即答してしまった。

早大大学院の指導教授で、仲人でもある明星大学の児玉三夫学長の下で大学創立二十周年記念事業として立ち上げた「戦後教育史研究センター」の研究事業を途中で放り出す訳にはいかないという想いから即答したわけであるが、今から思うと、設立計画書に目も通さずに断ったことは失礼千万であったと思う。

「あなたが引き受けて下さらないなら、この計画は断念します」と言い残して退出されたが、もし岩崎弥太郎記念「三菱総合学園」が実現していたら……という想いが胸を去来する。

**【文部大臣・田中龍夫氏——昭和天皇に手渡された拙著】**

もう一つ忘れられない出来事がある。昭和天皇の御在在六十年のお祝いが皇居で行われた折に、田中龍夫文相が参内され、なんと昭和天皇、侍従長、式部官長のために拙著を三冊お届けされたというのだ。

私が在米占領文書の中から発見した「伊藤たか」という杉並区に住むご婦人がマッカーサーに毎日血書を認め、「天皇を裁判にかけないでください。その代わりに私の命を差し上げます。天皇に戦争責任はありません」等と訴えた直訴状がマッカーサーに大きな影響を与えた事実を紹介した拙著を、昭和天皇にもご高覧いただくために参内されたわけである。

その後、田中龍夫文相から次のような毛筆の長文のお手紙をいただいた。

〈(前略) 敗戦に際し筆舌に尽くし難い御苦労を遊され身を挺して戦後の青少年教育再建に心を砕かれて居られる陛下にも当時米軍側が如何なる考えを持ち、文書を往復して居りたるか御承知も給り度十一月十日御在位六十周年の御祝いに参内を致したる折、徳川侍従長及び安倍式部官長にお会い致し先生の御労作三部を差し上げご覧頂く様にお願いして参りました。

教科書を考える会の会長の林健太郎氏に尊台の御労作の話を致したる時に流石彼は既にお読みになり居り大変に勉強され居ることを賞賛されて居られました。(後略)〉

# 第三章　臨教審・民間教育臨調が目指した教育基本法改正

## 香山健一氏との定期的な「戦略会議」と文部省の反発

第二章で前述したが、三年間の米留学から昭和五十八年（一九八三）に帰国して在米占領文書研究の成果、とりわけ教育基本法の成立過程と教育勅語の廃止過程に関する私の論文が注目され、また臨時教育審議会設置法に「教育基本法の精神に則り」と明記されたことから、第一部会の専門委員に選ばれた。第一部会は、総論について議論する部会であった。昭和五十九年（一九八四）八月に政府が設置した臨時教育審議会（以下、臨教審）は「第三の教育改革」を目指し、戦後教育改革の根本的変容を迫るものであった。今後の教育改革の在り方を検討する上で、臨教審の今日的意義をいかに総括するかは避けて通ることができない課題といえる。

臨教審の総会と第一部会で教育基本法の成立過程と教育勅語の廃止過程について、在米占領文書の第一次資料と日米の関係者インタビューに基づいて詳細な報告をさせていただいた。とりわけ強調したのは、教育基本法と教育勅語の関係についての歴史的経緯についてであった（髙橋史朗編『臨教審』『臨教審と教育基本法』至文堂、参照）。

中曽根首相は臨教審が教育基本法の改正に踏み込めず、教育理念の検討が不十分であったという理由から、臨教審改革は「失敗した改革」と評価したが、その最大の原因は文部省が強く抵抗したからであった。最大の論点は「教育の自由化」をめぐる論議だ。

臨教審委員の人選は、「学校選択の自由」や「学校設立の自由」などの「教育の自由化」を目指す政策を提言した「世界を考える京都座会」の基本的な考え方に賛同する有識者と、それに反対する文部省サイドの有識者の推薦者リストのせめぎあいの中で行われた。

私が所属した第一部会は前者、第三部会が後者の急先鋒であった。前者をリードした学習院大学の香山健一教授が月刊誌『文藝春秋』に「文部省解体論」を発表し、対立が先鋭化し、ヒートアップした。

香山氏が亡くなった後、机の中から「忍」という多くのメモ書きが発見されたが、この対立の渦中にあって、香山氏の「自由化論」への風当たりがいかに強かったかを雄弁に物語っている。第一部会終了後、赤坂にある社会工学研究所（牛尾治朗社長、黒川紀章所長）に移動して俵孝太郎専門委員と三人で「教育の自由化」をめぐる対立をいかに収めるか等について「戦略会議」を定期的に行った。

元社会科教科書主任調査官の村尾次郎氏が明星大学戦後教育史研究センターに寄贈された「村尾次郎文書」というものがある。その中に、教科書調査官は事務職に過ぎないために優秀な人材が集まらないことを立証する文部省の内部文書が含まれていたため、私が拙著『教科書検定』(中公新書)で公表し、香山氏が臨教審総会で取り上げて真正面から議論したために、文部省は強く反発した。

## 「和と多様性」をめぐる臨教審議論

臨教審会長で京都大学総長の岡本道雄会長は、私と面会して自由化論や教育基本法問題について教育学者としての見解を聞きたいと何度も表明された。しかし、事務局(文部省)が私との面会に反対して、日程調整ができなかったと、治療中の京大病院に見舞いに訪れた時に打ち明けられた。

岡本会長は臨教審会長を引き受けるにあたって、プラトン哲学研究の権威である京大の田中美知太郎教授を訪ねたところ、「二十一世紀の教育理念は親孝行」と強調されたというエピソードを私に語ってくださった。

岡本会長は京都で毎月京都学派の学者たちを集めて、教育理念に関する研究会を積み重ねた研究成果の記録があるので是非将来出版したいと熱く語られたが、文部科学省にその記録について問い合わせたところ、文科省の倉庫の中に眠っていてどこに保存されているかは不明である、とのことであった。

臨教審で絶えず議論になった問題の一つは、和と多様性の問題あるいは、日本の伝統文化の個性をどう認識するかという問題であった。アメリカの国是は「多様なるものの統合」であるのに対して、日本の伝統的な国是は「和の中の多様性」という文化的特質を有している。

いずれも度を越せば長所が欠点に変質する危険性があり、欧米列強の外圧の下で、戦前の一時期、日本の良き伝統は行き過ぎて変質し、寛容の伝統を持つ神道は非寛容の「国家神道」へと歪み、我が国独自の全体主義、排外主義、独善主義、画一主義に陥った。

我が国の伝統文化の中核である「和の精神」は異質な文化に対する包容力と寛容性とを備えたもので、画一、均質、閉鎖を特徴としたものではなく、個性を大切にするものであり、戦前の一時期に出現した軍国主義や極端な国家主義とは明確に一線を画するものであった。

戦前の一時期に支配的になった、これらの伝統文化から逸脱した病理現象を自覚的に克服することによってはじめて、真の意味における美しい日本の伝統文化を継承し、創造的に再発見することが可能になるのである。

## 『失敗の本質――日本軍の組織論的研究』の教訓を臨教審に問う

香山健一氏は、昭和五十六年七月の『文藝春秋』（緊急増刊号）誌上に発表した論文「日本の誤算」において、戦前の日本の戦略判断上の過ちの基本的な原因として、①希望的観測による誤算、②建前の硬直化による誤算、③空気支配による誤算、④「ウチの和」優先による誤算、⑤戦略的思考の欠如による誤算、の五つを挙げてそれぞれの問題点を明らかにした。

臨教審発足以降の教育改革論議にも同様の問題点があるとして、臨教審が第一次答申を取りまとめた直後の昭和六十年六月末に、香山氏は、戸部良一・寺本義也・鎌田伸一・杉之尾孝生・村井友秀・野中郁次郎氏らの共著『失敗の本質――日本軍の組織論的研究』四十五冊をダイヤモンド社から買い求め、次のような手紙を付して、臨教審の全委員、専門委員に寄贈した。

〈（前略）私はこの機会に、臨教審の過去半年間の審議の在り方、組織運営の在り方について、十分な反省を加えることが必要と考えております。私は従来、我が国の政策決定過程と組織体質の内包する諸問題につき研究を行って参りましたが、その観点からしても、臨教審が上記の検討を行うに際して参考となる点が多いものと判断して、別便にて、一冊の著作を寄贈申し上げました。この著作は戦争期の日本軍の組織と作戦を対象としながら、我が国組織体質の弱点を見事に分析しており、そこから得られる教訓は、同じ日本人の組織としての連続性を有する臨教審、文部省、学校教育界の諸組織の審議、運営、人間関係等の在り方を考える上で示唆に富むものと信じます。

臨教審や我が国教育界が、「成功の幻想」の中に自己革新能力を喪失し、失敗への道に迷い込んでしまった戦前の日本組織と同じ誤謬を繰り返さないためにも、心して、審議会の運営に当たり、こうした組織体質の改革をも含めて教育改革を成功させたいものでありります〉

香山氏が亡くなった後、机の中から「忍」という多くのメモ書きが発見されたことについて前述したが、自身の主張への風当たりがいかに強かったか、またその中で過去の過ちを繰り返さないよう、臨教審のあり方、議論のあり方にどれほど心を砕いていたのかが偲ばれる。

## 「自由」の意味と「和の精神」を問い直す

さて、話を臨教審の議論「教育の自由化」に戻そう。

具体例を示すと、臨教審の第一部会は事務局の文部省抜きに委員と専門委員だけで合宿集中審議を行い、「教育の自由化」とは何かについて激論を闘わせたが、参加していない事務局がまとめた「合宿集中審議メモ」は文部省のバイアスがかかった内容に加工されており、議論の内容を正確に反映したものではなかった。

元文部次官の木田宏氏が香山健一氏に「自由化という言葉は何を意味するのか」と問いただしたのに対し、香山氏は「自由化のエッセンスは個性主義だ」と答え、ダイエー社長の中内功氏も賛同したために、合宿の結論としては「個性主義」を推進する方向でまとめられたが、後に「個性主義」という言葉は馴染まないので、「個性重視の原則」という表現に改められ、私もそれに賛成した。

第一部会には山本七平氏（ペンネーム／イザヤ・ベンダサン）など錚々《そうそう》たる論客が勢揃いしていたが、「教育の自由化」に関する教育学者としての学問的見解を求められたので、私は次のような見解を述べた。

〈自由には、①Liberty ②Freedom ③Salvation ④Nirvanaという四つの意味がある。

①は「外的束縛からの解放」を意味する社会的・政治的自由である。

②は精神的自由で「内的束縛からの解放」を意味する。

③は溺れている者を救い出す「救済」を意味する。

④は「涅槃《ねはん》」で、心も身体も「解脱」しているという意味である。「ニルヴァーナ」はお釈迦様の「涅槃図」に表現されているように、心身が解放された状態である〉

「教育の自由化」論が制度改革の議論として展開されているが、「自由」にはこの四つの意味があるということを踏まえて、教育論としての本質的な議論を踏まえた上で制度改革にどのように生かすかという視点が重要であると私は主張した。

「自由」とは「自《みずか》らに由《よ》る」すなわち、「自分が自分の主人公になる」ということであり、自己発見、自己尊重、自己実現、自己教育へと導く教育の原点を踏まえる必要があることを強調した。

このように本質的な教育論として「自由」の意味を明確化し、自己肯定感を育み、身を修める「修身」によって「自律」を通して「自立」へと導くことを「教育の自由化」論の基盤とする必要がある。

　しかし、「教育の自由化」をめぐって、「学校選択の自由」や「学校設立の自由」などを提案した「世界を考える京都座会」の表面的な制度改革論が先行したために、第三部会や文部省から「教育の自由化」は危険視され逆風にさらされた。

　同様に「個性」という言葉も個人主義偏重への懸念が示されたので、「自由」と「個性」についての誤解を払拭するために教育の本質論の原点に立ち返りつつ、日本の伝統文化の核心である「和の精神」は多様性を尊重する寛容性、包括性をもったものであることを私は強調した。

　その結果、家庭、地域、学校、企業、国家、社会、文化、時代などの広義の意味で「個性」を捉え直すことが確認された。

　聖徳太子が十七条憲法の第一条に「和を以て貴しと為す」と明記した「和の精神」は、国内の「和」だけを念頭に置いたものではなく、国際社会、とりわけアジア近隣諸国との「和」を重視していたことは、聖徳太子が遣隋使を四回派遣したり、新羅との外交関係の樹立に努力し、積極的に文化交流に取り組んだことにも示されている。

## 「一筆一人を誅し、一筆姦権を誅する」という創造的破壊

香山健一氏は、吉田松陰が宇都宮黙霖上人《しょうにん》への書簡の中で自分の世直しの方法、社会改革の方法と上人のそれとの質的な違いについて述べた「上人の心は一筆姦権《かんけん》を誅《ちゅう》するにあり。我が心は一誠兆人を感ぜしむるにあり」という言葉を引用して、次のように述懐している。

〈「一誠一人を感ぜしむ」ような温かく、穏やかなやり方で教育改革の仕事をすることができればそれに越したことはないであろう。

しかし、過去の教育改革の歴史を紐解いて見ると、改革は常に現状維持や既得権益擁護の厚い壁を作り上げているもののなかで最も頑固なものこそ、古い束縛された観念にほかならない。

従って、改革というものは多かれ少なかれこのような古い束縛された観念との激しい論争を避けて通るわけにはいかない。

「一筆一人を誅し、一筆姦権を誅する」という仕事、いわば創造的破壊の仕事がそこに

避けがたいものとして登場してくる。

しかし、「一筆一人を誅する」という仕事は、人の反感を買うことはあっても共感を呼ぶことは極めて難しい。特に、我が国のような「和を以て貴しと為す」ような精神風土にあってはなおさらそうである。他方、人の反感を買うことを恐れていては、問題点を真に浮き彫りにするような論争はできないし、思い切った改革など望むべくもない。

この矛盾を越えることができるような一本の細い道がどこかにあるものだろうか……誰かが古い教育界の反感を買うという辛い仕事をあえて引き受けない限り、「一誠一人を感ぜしむ」という次の仕事は幕を開けようがない。それが歴史というものの本質ならば、次の世代の新しい仕事をしやすくするために、ここは私達の世代のうちの誰かが反感を買う役をきちんと演じなければなるまい〉

（香山健一『自由のための教育改革』ＰＨＰ研究所）

かつて全学連委員長として全国の学生運動を領導した活動家の香山健一氏はイギリスに留学して「英国病」に目覚め、左の全体主義からも脱却する必要があることに気づき、左右の全体主義、排外主義、非寛容性の克服を目指して臨教審の「教育の自由化論」をリードした。

しかし、前述した「忍」という手書きのメモが物語っているように、教育界からは十分な理解を得られなかった。

約三年間、毎週三時間の臨教審第一部会の審議と、その後の戦略会議でご一緒した香山健一氏との濃密な時間は私の一生の宝であるが、その日本と世界を愛する熱い思いと志、歴史認識と問題意識の深さ、広さ、鋭さは私の心の中に深く刻み込まれている。

## 教育基本法の立法者意思

臨教審の総会と第一部会において詳細な報告を行った際、私が強調したのは教育基本法の「立法者意思」を尊重する必要があるということだ。

教育基本法制定当時の公的解釈によれば、教育基本法と教育勅語は補完依存関係と捉えられていた。井上毅《こわし》は大臣の副署がない明治天皇の個人的な見解を述べた「社会上の君主の著作公告」として教育勅語を起草したにもかかわらず、ＧＨＱ民政局の口頭命令によって教育勅語の廃止を余儀なくされ、法的効力を有する「違憲詔勅」として排除失効決議が国会で行われるに至ったのである。

昭和六十年十一月七日付の朝刊各紙は、前日に開催された臨教審総会で、私の詳細な報告に基づいて「教育基本法の精神の明確化」に向けて本格的な検討に入ることになった、と大々的に報じている。

東京新聞は、「基本法をめぐる主な問題点として、①同法に『伝統の尊重』が含まれるか否かで、国民の間に解釈の違いがある、②個人の尊厳、人格の価値といった基本法の精神が、現実の中で踏みにじられてきた――などを列挙。『基本法』に（時代に合った）解釈、批判を加え、内容を充実、発展させることは立法の趣旨に反していない」として、「新たな時代に合った解釈の必要性を訴えた」と報じている。

教育勅語と補完併存関係にあった教育基本法の立法者意思がGHQ民政局の口頭命令によって歪められ、日教組系学者はこの立法者意思を厳しく批判した。昭和三十年代に入ると、教育基本法「擁護」の側に一変したが、「教育基本法制定三十周年」を迎えて、教育基本法を再び批判する論調に変わり、教育基本法の部分改正及び全面改正論が日教組の機関誌『教育評論』に掲載されるに至った。

## 「不磨の大典」化した教育基本法

そして、臨教審が発足するやいなや、今度は一転して教基法は「不磨の大典」として神聖視され絶対化するようになった。

このような教基法をめぐる日教組系学者の変節ぶり、劇的な変化の実態については、一般にはほとんど知られていない。彼らの教基法擁護論や教基法解釈がいかに教基法の立法者意思を著しく逸脱した戦略的な性質を帯びたものであるかを正確に認識する必要がある。詳しくは、拙著『臨教審と教育基本法――臨教審のゆくえと日教組の混迷』（至文堂）を参照されたい。

日教組の田中一郎委員長は『教育新聞』昭和六十年一月一日付において、次のように述べ、教育基本法を神聖視する見解を明らかにしている。

〈教育基本法の見直しが臨教審で行われようとしているだけに、私たち日教組は、極めて緊張した中で新春を迎えています。……基本法見直しを許さない運動の強化を今年の最大の課題であると考えている〉

また、同年十一月二十七日に開催された日教組第六十二回臨時大会での挨拶において、「戦後教育の基本である教育基本法が日本人の英知を結集してつくられたものであることを臨教審委員は銘記すべきだ」と述べている。

日教組は二月二十日に総理府で発表した「教育改革提案ヒアリング・提案要旨」において、教育基本法は「現在は勿論のこと未来にわたって普遍的なものであることは疑う余地はない」と絶対化し、六月二十六日に発表された臨教審第一次答申に対しては、「教育基本法を大きく歪曲」「教育基本法の解釈を変質する狙いを持つファッショ」と厳しく批判した。日教組系学者の指導的役割を担った堀尾輝久東大教授は、臨教審の教基法認識は条文改正論ではなく、「居丈高の解釈改正論」であると分析し、「改憲という戦略目標のために当面、教育基本法の解釈改正という戦術を選択した」「あたかも積極的に教育基本法を擁護するかの如きかたちをとって、その解釈を基本的に変えていこうとしている」と批判した。

さらに同教授は、九月五日に行われた日本教育学会の全体シンポジウムにおいても、このように力説した。

〈(臨教審は) 戦後の教育学、教育法学の発展の中で学会では通説的に位置付けられてきた教育基本法解釈に対して、大きな挑戦になってくる〉

〈条文の解釈をめぐって厳しい対決になっていかざるを得ない〉

〈日本教育学会がこれから力を結集し、教育基本法のどういう解釈が立法精神に即し、しかも教基法の精神を発展させることになるのかを、深刻に考える時期に来ている〉

〈教育基本法を守るとは、立法者意思に即して解釈するという法解釈の原則的な視点が必要だ〉

## 教育改革国民会議の発足と教育基本法改正を目指して

このように教育基本法改正をめぐって臨教審と日教組及び日本教育学会が激しく対立したことを受けて、平成十二年三月に小渕首相の私的諮問機関である「教育改革国民会議」が発足した。

この発足に伴い、賛同者二五〇名を結集して民間の「新しい教育基本法を求める会」(西澤潤一会長・高橋史朗事務局長)を設立し、九月十八日に「六つの提言」をまとめて提出し、『新教育基本法六つの提言』(小学館文庫)を出版した。同書の第四部「教育基本法はどう見直されてきたのか」において、私は教育基本法の五十年史について執筆した。

平成十三年十一月、遠山文相が中央教育審議会に「教育基本法改正」について諮問したことを受けて、民間からの教育基本法改正運動を促進するために、平成十五年一月、「日本の教育改革有識者懇談会(通称「民間教育臨調」)を設立し、産経新聞一面トップ記事(平成十四年十二月二十六日付)で大きく報じられた。会長には首都大学東京の西澤潤一学長、運営委員長には私が就任し、次の四つの分科会に分かれた。二年間、審議を積み重ね、その成果として『なぜいま教育基本法改正か』（ＰＨＰ研究所）を出版した。

①教育基本法の改正を論議する「教育理念」部会
②ゆとり教育の検証を行う「学校教育」部会
③家族・家庭の在り方を考える「家庭教育」部会
④教育委員会制度などの改革の検討を行う「教育制度」部会

平成十五年三月の教育基本法全面改正を謳った中教審最終答申を受けて、四月に民間教育臨調は「教育基本法改正八原則」を提出し、五月から日本会議と共に教育基本法の早期改正を求める国民署名と地方議会決議運動に着手した。

六月に民間教育臨調主催の「今こそ教育基本法の改正を」緊急集会を開催し、政府・国会に次の六点を要望した。

①教育理念の根幹に、文化・伝統の尊重、愛国心の養成をすえること
②道徳・宗教的情操の涵養を明記すること

③家庭の意義と家庭教育の役割を強調すること
④教育行政の責任と権限の主体を明確にすること
⑤ジェンダーフリーに利用されるような項を設けないこと
⑥現代文明の危機に対応するために我が国が果たすべき使命を謳うこと

中教審の最終答申を受けて平成十五年五月、自民・公明・保守新党の与党は「教育基本法に関する協議会」を設置し、与党協議が始まった。教育基本法改正に批判的な公明党に対する自民党の妥協姿勢が強く懸念されたため、平成十六年二月に超党派の「教育基本法改正促進委員会」（改正促進議連）を設立し、三八〇名の国会議員が結集した。

## 新教育基本法に関する私の提案

私は同改正促進議連の第二回勉強会に招かれ、民間教育臨調として新しい教育基本法に盛り込むべきでないと考える四つの文言と、七つの盛り込みたいテーマについて次のように提案した。

**【盛り込むべきでないと考える文言】**

①前文の「日本国憲法の精神に則り」
②第一条の「男女共同参画社会への寄与」
③「新しい公共」
④第十条の「不当な支配」

**【盛り込んでほしいテーマ】**

①前文に「日本文化の価値の再発見」「公共への奉仕」
②教育の目的に「伝統文化の継承」「愛国心の涵養」「道徳教育」
③「宗教的情操教育」
④「家庭の価値」と、国家による「家庭教育」支援
⑤教育行政における国、都道府県、市区町村の役割の明確化、特に国の教育内容に対する責任
⑥地球環境の改善
⑦教員の使命の明確化

平成十六年六月十一日、民間教育臨調と教基法改正促進議連は合同総会を開催し、四か月十一回に及ぶ合同協議で検討を重ねた「新教育基本法大綱」を発表した。

新教育基本法の具体的な内容に関しては中教審答申しかない中で、国会議員と民間の有識者が膝を突き合わせて激論を交わしながら、わずか四か月の短期間で、改正案の要点を条文の形でまとめたことは画期的意義を有すると思われる。

## 教育基本法改正議論を促進した「イギリスの教育改革視察」

さらに改正促進議連の国会議員に大きな影響を与えたのが、イギリスの教育改革視察であった。

イギリスには「教育水準局」という国の第三者機関があり、全国的な教育水準を維持するために、教育水準局は学校現場をチェックした。

この「教育水準の維持・検証を国が責任を持ってやる」というイギリス型教育改革の理念が、同視察によって改正促進議連の国会議員にも共有され、平成十七年一月、中教審が設置した「義務教育特別委員会」の「義務教育の構造改革」方針にも反映された。

サッチャー首相は一九八八年に二三八条に及ぶ教育改革法（教育基本法改正に相当する）

を成立させ、学力向上カリキュラムに基づいた全国共通試験を実施し、結果を公表した。そして、成績の悪い学校は責任を追及し、親には学校選択権を与えた。

さらに財務や管理権を学校に与え、親や地元産業界の人も加わる理事会で教師の給料や設備も決めるなど、消費者の声を取り入れることで、偏向歴史教育等の是正に成功した。このイギリスのサッチャー教育改革に学び、我が国の教育正常化に活かされたのである。

詳しくは、中西輝政監修・英国教育調査団編『サッチャー改革に学ぶ教育正常化への道――英国教育調査報告』（ＰＨＰ研究所）を参照されたい。著者は、安倍晋三・古屋圭司・下村博文・中川昭一・平沼赳夫・衛藤晟一・亀井郁夫・松原仁・笠ひろふみ・山谷えり子・椛島有三で、十人の超党派国会議員が参画していることも注目される。

## 教育基本法、遂に改正へ！

前述したように教基法に関する与党協議会が設置され、教基法改正案の審議が始まったが、一年半の密室審議でなかなか進展しなかった。

この閉塞状況を打破すべく、平成十六年十一月、日比谷公会堂で「教育基本法改正を求める中央国民大会」を開催した。三五〇万の国民署名、三十三都県二三六市区町村議会決議、三八八名の国会議員賛同署名を背景に、壇上には国民署名が積まれ、国会議員一五七名が出席し、二五〇〇名の参加者とともに「教育基本法の改正を」と染め抜かれた鉢巻きを締めて、次期国会法案提出を強く迫った。

翌年三月には、改正法案の今国会提出を求め、憲政記念館において民間教育臨調、改正促進議連、日本会議国会議員懇談会、日本会議の共催で「教育基本法改正を求める緊急集会」を開催した。また、民間教育臨調は同年十月からの部会審議の成果を「提言シリーズ」全四巻として学事出版から刊行した。各巻のタイトルは次の通りである。

①『教育理念の再生』（金井肇編）
②『学校教育の再生』（村田昇編）
③『家庭教育の再生』（林道義編）
④『教育制度の再生』（小林正編）

第一次安倍政権が誕生し、十一月に「教育基本法改正案の共同修正を求める緊急集会」を改正促進議連、民間教育臨調など主催で開催した。

①「国を愛する態度」を「国を愛する心」に改める
②「宗教的情操の涵養」を明記
③教育行政についての「教育は不当な支配に服することなく」を削除

の三点修正を求め、十一月の国会での総括質疑における安倍首相、伊吹文科相の答弁によって、次の三点が政府解釈として明確に打ち出された。

①国を愛する「態度」と「心」は一体として養われること
②自然や人知を超えたものに対する畏敬の念など「宗教的情操の涵養」は必要であること
③法令に基づく教育行政は「不当な支配」に当たらない

このような私たちの国民運動の成果として平成十八年十二月、教育基本法が五十九年ぶりに全面改正されたのである。

臨教審専門委員→「新しい教育基本法を求める会」事務局長→「民間教育臨調」運営委員長として、教育基本法改正の重要な役割を担うことができたことは誠に感慨深いものがある。

教育基本法改正を求める中央国民大会（平成16年11月／日比谷公会堂）

## 国旗・国歌を指導する教育的意義

「日本の国旗と国歌は何ですか」と日本人に聞けば、ほぼ全員が「日の丸」「君が代」と答えるだろう。

国民にとってそのことは当然の共通認識であるわけだが、我が国の戦後教育は日本の文化、伝統をはじめ、国民として身につけるべき基礎的、基本的な教育内容を十分に教えてこなかった。

それ故に、教育現場においては国旗および国歌をめぐるイデオロギー闘争が生じ、平成十一年二月、広島県の県立高校の校長先生が卒業式の前日に自殺するという痛ましい事態にまで至ってしまった。そのような悲痛なできごとの後、同年八月九日に「国旗及び国歌に関する法案」が成立し、八月十三日に施行された。

この時、私は参考人の一人として招致され、参議院国旗国歌特別委員会にて意見陳述をさせていただいた。

国旗及び国歌を子供たちに教育することについてどのように考えるか。当時の意見陳述を掲載することとしたい。

## 第一四五回国会　参議院　国旗及び国歌に関する特別委員会　第五号
（平成十一年八月三日）

明星大学の高橋でございます。私は教育の視点から国旗・国歌法案に賛成の意見を述べさせていただきます。まず、国旗・国歌をなぜ法制化する必要があるのか、次に、国旗・国歌の法制化が思想、信条の自由を侵害するものではないということについて意見を申し述べたいと思います。

世界各国の教育は、子供の内在価値を開発し、社会生活に適応するための知識や技能を習得させるとともに、その国の文化、伝統を継承し、よき国民たらしめることを目指しております。

教育の目的について、教育基本法第一条は「教育は、人格の完成をめざし、平和的な国家及び社会の形成者として、真理と正義を愛し、個人の価値をたつとび、勤労と責任を重んじ、自主的精神に充ちた心身ともに健康な国民の育成を期して行われなければならない」と定めております。

私が専門委員を務めさせていただきました政府の臨時教育審議会の「審議経過の概要――その三」、これは昭和六十一年の一月に出たものでございますが、そこで指摘しておりますように、この「完成された人格の内容の中には、当然国家や民族の意義と価値の認識、国家の権威と秩序の尊重、民族とその文化に対する理解と愛、国民としての義務と責任の自覚、公共心の涵養などが含まれる」のであります。

しかし、我が国の戦後教育は、日本の文化、伝統を継承する、国民として身につけるべき基礎的、基本的な教育内容を十分に教えてきませんでした。国旗を掲揚し、国歌を斉唱することにより、国家社会への所属感や国民の理想や願いを深めることは学校教育の大切な役割と言えます。

一九八八年のソウル・オリンピックにおいて、アメリカのジョイナーが優勝し、アメリカの国歌が吹奏され国旗が掲揚されたとき、スタジアムの全観客が起立をいたしましたが、日本から卒業旅行に来ていた高校の生徒と先生だけが起立せず、韓国民のみならず、世界の人々からひんしゅくを買いました。

また、日本青少年研究所の日米の高校生の「国旗・国歌に対する意識と態度調査」によりますと、日本の青少年たちは外国の国旗や国歌に対し敬意を表さないばかりか、国旗掲揚、国歌斉唱に際してもふざけた態度をとっていると諸外国から非難されていますが、この調査結果は諸外国からの非難が正しいことを証明したと結論づけております。

ちなみに、式典などで国歌が吹奏され国旗が掲揚されるとき、アメリカの高校生は九十七％以上が起立するのに対して、日本の場合は起立をするのは四人に一人にすぎません。大変興味深いのは、アメリカではいつの場合も起立して威儀を正すのは当然と考えられているため、起立して威儀を正すかという質問自体がナンセンスであるとアメリカ側が主張したために、尊重して起立するか、それとも尊重しないが起立するかを問うことになったという点であります。その結果、前者が八十五％、後者が十三％でございまして、無視すると答えたのは三％足らずにすぎません。ほとんど全員が起立をして威儀を正すことが明らかになりました。

また、アメリカでは八十六％以上が国旗・国歌に愛着を感じると答えていますけれども、日本は五十二％以上が何とも感じないと答えており、日本とアメリカでは極めて対照的な状況にあることがわかりました。

その原因について、同研究所は「第二次世界大戦後、日本の国旗・国歌について、諸外国に対する侵略イメージや国歌の内容に疑問を持つ考え方があり、公教育の場でも国旗掲揚や国歌吹奏に際してのマナーを厳格に教えなかったと言える。このような国旗・国歌に対する考え方や態度が諸外国の青少年と著しい相違を見せるようになり、外国のひんしゅくを買うようになってきたと考えられる」と分析しております。

これは日の丸や君が代を軍国主義のシンボル視して教えてきた戦後教育のゆがみの反映にほかならず、子供たちは国旗・国歌の学校教育上の取り扱いをめぐる教育界の不毛なイデオロギー対立の不幸な犠牲者であったことを痛烈に反省する必要があるのではないでしょうか。

私が国旗・国歌の法制化に賛成をいたしますのは、明文の法的根拠がないために戦後五十数年間続いてきた日の丸・君が代をめぐる教育現場の不毛な対立に一刻も早く終止符を打つ必要があると思うからでございます。

四年前、文部省との協調路線に転換した日教組は、国旗・国歌の法制化に反対する今年度の運動方針案を定期大会で採択し、「近現代史の中で日の丸・君が代が果たしてきた役割をきちんと伝えることが重要だ」という文言を同方針案に追加しました。

法的根拠がないことを最大の理由に日の丸・君が代に反対する勢力が教育現場に根強く存在する以上、国旗・国歌を一刻も早く法制化する必要があります。ここまで来てもし法制化できなかったならば、教育界の不毛なイデオロギー対立にますます拍車をかける結果となり、混乱を収拾することは極めて困難になるでしょう。

ところで、入学式や卒業式での国旗掲揚や国歌斉唱の強制は憲法で定められた思想、信条の自由に反すると法制化反対論者は主張をしておりますけれども、国旗掲揚や国歌斉唱を式典における式次第の一部に取り入れることは、個人の権利の侵害になるという性格のものではなく、教育作用と言えます。

学習指導要領に明記されておりますように、「国旗及び国歌の意義並びにそれらを尊重することが国際的な儀礼であることを理解させ、それらを尊重する態度を育てる」教育作用が入学式や卒業式での国旗掲揚、国歌斉唱にほかならず、その式典での体験が国際化社会の中で生きる日本人の自覚を育てるのであります。

国旗掲揚や国歌斉唱に際して起立を求めたり国歌を歌うことを求めたりすることは、儀式における礼や校歌斉唱と全く同じ意味でございまして、国際的な慣行、マナーになっております。

したがって、起立や斉唱を強制ととらえること自体に問題があると言えるでしょう。

学習指導要領は「我が国の国旗と国歌の意義を理解させ、これを尊重する態度を育てるとともに、諸外国の国旗と国歌も同様に尊重する態度を育てるように配慮すること」を教員に義務づけているのでありまして、これはさまざまな教科を教えることを義務づけているのと全く同じでありまして、なぜ国旗と国歌だけは強制ととらえるのでしょうか。

もちろん、学校教育にある種の強制が働くのは当然のことであり、校長は学校教育法や学習指導要領に基づいて学校行事への参加を義務づけることができます。

それに対してもし生徒が思想、信条の自由を持ち出して参加を拒否したら、学校教育は全く成り立たなくなります。卒業式や入学式における国旗掲揚や国歌斉唱は、一定の立場の強制ではなく、体験を通して国際的慣行、マナーを学ばせる大切な教育の場であることを明確に認識する必要があると思います。

大切なことは、子供が成人になったときに国旗・国歌についての明確なみずからの考え方を確立できるように指導を積み上げていくことであります。子供自身の考え方を育てるためには、国旗・国歌の意味や精神、国際的慣行、マナーなどについて多面的に指導する必要があります。外国の国旗・国歌について幅広く教える中で、自国の国旗・国歌のよさを世界の中の日本という視野の中で見つめさせる必要があるでしょう。

自国と外国の国旗・国歌について多面的に教えることによって、子供たち一人一人がみずからのしっかりとした考え方を持つことができるように指導していくところに、国旗・国歌を指導する重要な教育的意義があると言えます。

教師の国旗・国歌に対する先入観や偏見を強制することは厳に慎むべきであります。教育と強制の関係について考える際に、能の世阿弥の「守破離《しゅはり》」、これは型を守って型を破って型を離れるという能の世阿弥の言葉でありますけれども、「守破離」という言葉は示唆的であります。基礎、基本が守、応用が破、創造が離の段階と言えるでしょう。書道では、形を学ぶ、これを形臨といいます。

形臨によって意臨《いりん》、すなわち心を学ぶことができるようになるといいます。形を学ぶことを通して筆遣いやリズムを感得して書の心を会得できるのであります。

日本の芸道はまず形を学ぶところから始めます。勝手な振る舞いを許さず一定の型を強要するという意味で、これは一種の強制と言えます。

しかし、この強制を経て、形を支えている心を会得して初めて個性や創造性が育つのであります。入学式や卒業式における国旗掲揚や国歌斉唱にも共通点があるのではないでしょうか。まず自国の国旗や国歌に敬意を表するマナーを身につけさせて、国旗や国歌の心を学ぶことによって国際社会の中で主体的に生きる日本人となることができるのではないでしょうか。

入学式や卒業式において国旗掲揚、国歌斉唱を行うのは、国際社会において児童生徒にとって必要とされる基礎的、基本的な教育内容の一つでありまして、このような内容を含む学校教育を行うことがむしろ児童生徒の教育を受ける権利を保障することになるのであります。

つまり、入学式、卒業式における国旗掲揚、国歌斉唱は学校の教育活動の一環として行われるものであります。

思想、信条の自由とは、内心の自由について国家が制限、禁止したりみずからの思想、信条の表明を強制したりすることは許されないという意味でありまして、式典の一部である国旗掲揚や国歌斉唱は児童生徒の内心の自由を制限、禁止したり思想、信条の表明を強制したりするものではありません。

平成六年十月の村山内閣時の政府の統一見解に明示されておりますように、学習指導要領は国旗・国歌の指導を義務づけておりますが、それは児童生徒の内心にまで立ち入って強制しようとする趣旨のものではなく、あくまでも教育指導上の課題として指導を進めていくことの必要性を指摘しているにすぎません。

問題になるのは物理的強制や罰則を伴う場合のみでございまして、一九四三年のアメリカのバーネット判決でも退学などの厳しい罰則を伴う強制が問題とされただけであります。児童生徒が国旗・国歌の指導に従わない場合はケース・バイ・ケースで対処しなければなりませんが、あくまでも教育指導上の課題としてみずからの主体的価値観を形成していけるように粘り強く指導する姿勢が大切であり、安易に罰則で処分すべきではないでしょう。

しかし、教師は学習指導要領に拘束されており、教育委員会や校長の職務命令に従う職務上の責務を負っております。教師にも内心の自由はありますが、心の中で反対することと具体的行動を起こすこととは別問題であります。

平成七年二月三日の衆議院予算委員会における政府の統一見解についての与謝野文部大臣の答弁において、「教師の先生方は国旗・国歌について生徒に対して指導するということは当然のことでございまして、そういうものについては実は例外はないわけでございます」と明確に確認されているとおりであります。

校長には、職務をつかさどるとともに所属職員を監督する職務があります。これは学校教育法第二十八条第三項にあります。職務命令の法的な根拠は地方公務員法第三十二条、「上司の職務上の命令に忠実に従わなければならない」にあります。

したがって、職務命令に違反した教職員に対してはこの規定によって懲戒処分を行うことができるのは当然のことであります。

教育基本法第十条において「教育は、不当な支配に服することなく」と定めておりますが、一部の人たちが入学式や卒業式における国旗掲揚や国歌斉唱を妨げることは不当な支配に該当するのではないでしょうか。

反対の強制は児童生徒の教育を受ける権利を侵害することにつながり、何人といえども学校行事を私的な思想や信条で私物化することは許されません。

君が代の斉唱を拒否することは児童の権利条約第十四条の思想、良心、宗教の自由から当然であるとの主張もありますが、児童の権利条約第二十九条は、「一　締約国は児童の教育が次のことを目的とすべきことに同意する」として、教育の目的が「(c)児童の親、児童自身の文化的同一性、言語及び諸価値、児童が現在居住している国及び自己の出身国が持つ国民的な諸価値並びに自己の文明と異なる文明等に対して尊敬心を育成すること」にあることを明記しており、さきの指摘は当たりません。

これからの日本の教育に求められているのは、自己や他者、自己や他国を温かい目で見ることのできる子供たちを育てていくことであります。

自己や自国に対する肯定感の欠落傾向、日本の子供たちの自己評価というのは、中教審の答申にも出ておりますけれども、どの項目を見ても世界で最低でありますが、その自己肯定感の欠落状況というものが外国に比べて非常に顕著に見られるわけでございます。もちろん、温かい目で見るということは、欠点を見ないで反省しないということではございません。

　人格のよさの本質を信頼しながら、人格と行為を明確に区別し、現象の問題行動を否定するのが教育の原点であることを、私は十三年間全国の現場を回っておりますけれども、横浜にある家庭裁判所が指定する施設、仏教慈徳学園というところから学びました。

　同学園では、非行少年たちが銘石という自然石の傷を毎日六時間やすりで磨きながら、現象の自分の奥にある本質の自分を発見して、弁護士や医者になるなど劇的に立ち直っております。真の自己を発見し、自己への誇りを取り戻せば、「誇りある反省」ができるようになります。

　自国についても同じことが言えます。自国のよさ、自国への誇りを教えないで、自国の欠点ばかりを教えていると自虐的になるだけです。日の丸や君が代に対して過度の罪悪感を持ち自虐的になるよりも、国旗を掲揚し国歌を斉唱するたびに自国への誇りと平和への思いを新たにする方がはるかに自然で健全で建設的ではないでしょうか。

　どの国の歴史にも栄光と挫折があるように、国旗・国歌にも光と影があります。しかし、日の丸・君が代と軍国主義とは明確に区別する必要があります。

ナイフを強盗が使えばドスとなり、名医が使えばメスとなります。化学物質も善用すれば薬となり、悪用すれば毒になります。

日の丸や君が代を軍国主義のシンボルだというのは、ナイフがあったから強盗事件が起きたというような感情論によるこじつけにほかなりません。自国の歴史に対して誇りある反省をすることは大切なことですが、このことと国旗・国歌問題とは明確に区別する必要があります。

自国の国旗・国歌に対して影のみを見るのではなく、光の側面を曇りのない目で真っすぐに見ることが大切であります。敗戦国ほど国旗や国歌を大切にし、決意を新たにして国民的連帯を強めて新国家建設に邁進し、民族の名誉と誇りを守ってきた事実を忘れてはなりません。

国旗や国歌はその国とともに生き、長い歴史と伝統の中にはぐくまれてきたものであり、国旗・国歌にはそれぞれの国の建国の理想や歴史、文化、伝統、国民全体に共通する思いや願いなどが込められており、これを善用すれば国家の発展と人類の平和と繁栄をもたらすことができます。

戦後生まれの児童生徒たちが日の丸・君が代に抱く素朴なイメージと、軍国主義のシンボル視する教師たちの先入観、偏見との間には著しいギャップが存在します。私たちが考えなければならないことは、国旗・国歌に対して純粋な気持ちを抱いている子供たちにあえてマイナスイメージを与えることが教育的に望ましいのかということであります。

自国の国旗や国歌を大切にすることなくして、外国の国旗や国歌を尊重する精神は生まれません。国旗や国歌の尊重は偏狭なる愛国心や軍国主義につながるという考え方は間違っております。

むしろ、自国の国旗や国歌を粗末に取り扱う習慣や態度こそが他国の国旗や国歌を尊重しないゆがんだ精神を生み、ひいては他国の人々の名誉や誇りを理解できない日本の若者を生み出すことになるのであります。

異文化交流時代を迎えた今日、過去の偏見にとらわれない曇りのない目で自国と他国の国旗・国歌の意義を教え、これを尊重する態度を育てる教育こそが求められております。

国旗・国歌を法制化することによって、戦後五十数年間続いてきた教育現場の不毛な政治的対立、イデオロギー的対立に終止符を打ち、公教育、国民教育の原点に立ち返って、美しい日本人の心、感性を取り戻し、世界に向かって美しい日本の文化を発信していく契機にしたいと念願しております。

国旗・国歌の法制化は、ゴールではなく、歴史的常識を取り戻すスタートにすぎません。国旗・国歌の問題は実は戦後の日本人、私たち自身の問題なのであります。

# 第四章　教科書誤報事件と歴史認識問題

## 「歴史認識問題」とは何か

私が歴史認識問題に取り組むきっかけとなったのは、実は明星大学髙橋史朗ゼミの第一期生で、ゼミ長であった深澤秀興君（山梨県の小学校教師）である。彼から明治図書の月刊誌『社会科教育』に掲載された東大の藤岡信勝教授の論文が郵送されてきて、初めて藤岡信勝氏の存在を知った。

その後、親交のあった西尾幹二氏に連絡して電気通信大学の近くの喫茶店で三者協議を行い、「新しい歴史教科書をつくる会」の設立に向けて話し合った。話し合いを経て、学習院大学の坂本多加雄教授と漫画家の小林よしのり氏にも呼び掛けることになった。

今の日本を取り巻く状況は、歴史的事象への見解の相違などの「歴史認識の違い」では済まされない。歴史をめぐる虚偽の情報やプロパガンダが国家間の外交や国際舞台に持ち込まれ、かき回されたあげく、国益が毀損され、内政干渉が起こる——日本は常にそうした非難、糾弾の対象として名誉を貶《おとし》められ続ける。外務省や日本政府からの十分な反論はなく、歴史をめぐる誤った情報がその口実を与え続けている。こうした不当な構図が存在し続けているのだ。

これが私たちの考える「歴史認識問題」である。

「歴史戦」というのは、多くの日本人に、まだ十分な自覚があるとはいえないが、歴史的事象を使った「情報戦」という意味である。このことをしっかり認識しておかなければ、日本人や日本国の自立的な歩みが阻まれたり、国家的な窮地に立たされたりすることもありうる。

史実とはいえない情報でも世界中に流布されてしまったために、日本人にあらぬ汚名が着せられたり、誤解に晒《さら》され続けることはすでに現実に起きているのだ。

ユネスコ「世界の記憶」に共同登録申請した「日本軍『慰安婦の声』」文書をみると、「申請が日本の名誉を傷つけるものであると誤解して申請に反対する者」もいるが、「我々の意図は、日本を非難することではなく、歴史、人権、平和について人道意識のために人々を啓発することにある」と記されている。だが、果たしてそうか。日本という国家に対する悪意や不当な構図は残されたままであり、こうした構図を正さなければ何も変わらないということだろう。問題は結局、ここにあるのだ。

## 「歴史戦」はいつから始まったか

では、「歴史戦」が始まったのはいつか、振り返ってみる。

そもそも「南京大虐殺」「慰安婦」問題が外交問題に発展して「歴史戦」となった原因は、昭和五十七年（教科書誤報事件）と平成四年（朝日新聞の誤報）にさかのぼる。それを日本の学者、市民運動団体、弁護士等が中韓や国連にご注進してマッチポンプ式に騒ぎ立て、外交問題化させたことによって歴史戦が始まり、激化したのだ。

昭和五十七年の教科書誤報事件までは、中韓両政府が歴史問題を外交交渉に持ち出すことは全くなかった。過去の歴史は条約や協定によって清算され、その後は外交問題にはならない。歴史教科書問題は純然たる内政問題であり、「内政干渉」は許されないからである。

昭和五十七年に中国「華北への侵略」と書かれていた教科書記述を文部省の教科書検定で「進出」に書き換えさせたという誤報を全てのマスコミが一斉に報じたために、中国が猛反発した。そこで宮沢官房長官談話が出され、「アジアの近隣諸国に配慮する」という「近隣諸国条項」が教科書検定基準に追加されたために、毎年中国、韓国から教科書記述について「内政干渉」されるようになったのである。

## 慰安婦問題のきっかけは朝日新聞による誤報

慰安婦問題が外交問題化した契機になったのは、平成四年（一九九二）一月十一日の朝日新聞の誤報であった。「慰安所　軍関与示す資料」と一面記事で大々的に報じた資料とは、内地で民間業者が慰安婦募集を行うときに誘拐まがいのことをしないように統制を強めよ、という内容であった。

それは朝鮮人慰安婦の強制連行を証明するような資料ではなく、全く反対の善意の関与であったが、朝日新聞は一部だけを切り取り、あたかも日本軍の強制連行を裏付ける資料が発見されたかのような見出しを付けたのである。

さらに、「主として朝鮮人女性を挺身隊の名で強制連行した。その人数は八万とも二十万ともいわれる」と解説し、翌日の社説で、「『挺身隊』の名で勧誘または強制連行され、中国からアジア、太平洋の各地で兵士などの相手をさせられたといわれる朝鮮人慰安婦」と書き、「九十二年一月強制連行プロパガンダ」が完成されたのである（「朝日新聞『慰安婦報道』に対する独立検証委員会報告書」）。

このような見出しや用語解説、社説などを活用して行った朝日の印象操作は決して許されるものではない。

朝日報道について検証した第三者委員会も、「首相訪韓の時期を意識し、慰安婦問題が政治課題となるよう企図して記事としたことは明らか」と、そのプロパガンダ的性格を指摘している。結局、訪韓した宮沢首相は何度も謝罪し、外交問題化した。

後に盧泰愚《ノテウ》大統領がインタビューに対し、日本の言論機関（朝日新聞）が慰安婦問題を提起し、韓国国民の反日感情を焚き付けたとコメントした。

以来、日本政府・外務省は不当な要求に対して事実に踏み込んだ反論を避け、謝罪して道義的責任を認め、人道支援の名目で、既に条約・協定で解決済みである補償を中途半端な形で行うという「歴史認識問題の基本構図」ができ上がってしまったのである。

## 中韓による「首相の靖國神社参拝」の外交問題化

首相の靖國神社参拝を中韓が外交カードとして利用し始めたのも全く同じ構図だ。不当に日本を非難する反日歴史認識が外交を阻害し、日本の名誉を傷つけ国益を損ねてきたのである。中国が首相の靖國神社参拝を批判し始めたのは昭和五十七年八月十五日の鈴木首相の参拝からであった。これは同年六月の教科書誤報事件の影響であり、それまでは外交問題にはならなかった。

朝日新聞は「靖国参拝は危険な動向」という見出しで、人民日報が「文部省の歴史教科書問題のほか、靖国神社公式参拝」などを、「中日友好関係を害する非常に危険な動向として厳しく批判した。……靖国神社参拝を人民日報がわざわざ取り上げたことは、日本軍国主義復活に関し、中国が日本政府首脳への不信を表明したものとして注目される」と解説した。

しかし、これ以降、教科書誤報の事実が理解されるようになり、昭和六十年まで中国政府の批判はなかった。昭和六十年八月十五日の中曽根首相の靖國神社参拝に対して、朝日新聞は突然一大キャンペーンを開始し、八月だけで九十六件、年間で四七七件の記事が掲載された。この朝日新聞の一大キャンペーンが中国からの批判を呼び込み、中国が靖國参拝問題を外交カードとして利用するようになったのである。

中国は「A級戦犯」が靖國神社に合祀されたことが報道されて、昭和五十四年から六年間、歴代首相が二十一回参拝しても、昭和六十年八月までは首相の靖國神社参拝に全く興味を示さず、批判することは皆無であった。

朝日新聞の一大キャンペーンによって外交カードとしての利用価値に初めて気付いたの

である。昭和六十年以降、朝日新聞の社説は、中国の批判を強調する論調にシフトした。

## 朝日新聞との対決——日本の名誉を守るために

日本政府は教科書検定基準を改定して「アジアの近隣諸国に配慮する」という「近隣諸国条項」を追加し、宮沢官房長官談話を発表して過去の歴史を謝罪し、教科書記述を変えると表明した。

昭和六十一年（一九八六）には、「日本を守る国民会議」が作成した『新編日本史』への外圧修正という第二次歴史教科書問題が勃発した。月刊誌『諸君！』の私の巻頭論文（「新編日本史『検定』全記録」昭和六十一年九月号）や朝日報道を批判した『正論』拙稿をめぐっては、朝日新聞との訴訟騒動（拙著『天皇と戦後教育』ヒューマンドキュメント社、参照）にまで発展した。

しかし、私は毅然と対応し、朝日側が二回とも訴訟を断念した。朝日新聞社は卑怯にも私が取材した方々に逆取材して、私が取材した内容とは異なる証言を集めて告訴をほのめかした。しかし、渋谷教育学園の田村哲夫理事長が、もし裁判になった場合には証言者として法廷に立ってもよいと約束してくださったので、朝日新聞社に毅然と対応することができた。今でもそのことに深く感謝している。

幸い私が取材した内容は録音テープに収めていたので、告訴されても十分に対応できると確信した。朝日新聞社の社会部長から無礼極まる電話があり、命令口調で「本社にすぐ来るように」とのことであった。

非礼な態度に抗議したが、「逃げるのか！」と威嚇されたので、「そこまで言うなら行きましょう」と返答して、朝日新聞本社に出向いた。私が単身で乗り込むことを心配して多くの仲間や友人が同行を申し出てくれたが、全てお断りして単身で朝日新聞社に出向いた。

部屋に案内されて取り囲まれ、いきなり「あなたがこれから話す内容は訴訟の証拠資料になるから覚悟するように」と脅された。私は少しもひるむことなく、「最初からそういう態度なら、私にも覚悟があるので私も録音する」と通告して、あらかじめ用意しておいた録音用テープを机上に置いた。

私の月刊誌論文の取材内容は録音していること、証言者に法廷での証言を引き受けていただいていることを伝えると、態度が急変し、一気にトーンダウンした。後に関係者から聞いた話では、告訴通告に全く動じる気配のない私の態度に驚いたという。

最高裁にまで訴訟が及ぶことを覚悟して、妻に訴訟費用のために「このマンションを売却してもいいか」と尋ねると、妻は「勿論です。一緒に戦いましょう！」と即答してくれたことも心強かった。

## 教科書事件とは何だったのか——教科書検定制度及び占領史研究の視点から

教科書誤報事件について、「侵略」↓「進出」は誤報だった。にもかかわらず、政府は教科書検定基準に「近隣のアジア諸国との間の近現代の歴史的事象の扱いに国際理解と国際協調の見地から必要な配慮がされていること」という「近隣諸国条項」を加え、現在も削除していない。誤報にもかかわらず、なぜこのようなことが起こってしまったのか。

この疑問を解くためには、戦後における教科書検定制度の歴史について考察することから始めなければならない。なぜなら、ＧＨＱによる占領政策が大きく関わっているからだ。

教科書誤報事件が起きたのが昭和五十七年である。昭和五十八年に、教科書検定制度及び占領史研究の視点から教科書事件の問題点を指摘した文章があるので、それを掲載することとしたい。

# 憲法・教育基本法に束縛された教科書検定制度

（日本教育研究所発行「教育通信」第七十九号／昭和五十八年三月二十五日）

昨年（昭和五十七年）の教科書事件は、一陣の風の如く吹き来り、吹き去った。昭和五十七年七月二十六日、中国の抗議で始まった文部省の検定に対する攻撃は、僅か一か月後の八月二十六日、「検定制度の完全崩壊」という無条件降伏の政府回答をもって、終止符が打たれた。

検定制度に魂を入れんとしてきた文部省の二十六年間の努力は、ほとんど一瞬にして水泡に帰した。後に残ったものは、制度に盛られた毒と、その制度をなおも維持しようとする文部省と、そしてこれからその毒を呑まされんとしている子供たちである。

一体、この一か月の間に何が起こったのか。事件の真相をつぶさに調べれば調べる程、激しい憤りを覚えてくる。検定制度の崩壊を、一体誰が本気で食い止めんとしたか。外国の不当な内政干渉に一体どれほどの日本人が身命を賭して抗議したか。その当然の結果としての、検定制度崩壊であり、外圧への屈服であったといわねばならない。

今回の教科書事件は、日本人が日本の教育の内容を外国の不当な支配から守り得ず、日本の教育の内容を決定する権限を、外国に奪われてしまったものである。内政干渉を拒否できなかった検定制度とは、一体何であったのか。文部省に内政干渉に対決する論理を失わしめたものは、一体何であったのか。

検定制度の崩壊は日本の教育内容の崩壊につながるが故に、検定制度そのものの総括が、今我々に迫られている、と言わねばならない。

## 検定制度発足の事情

文部省は何故、外国の不当なる内政干渉を排除できなかったのか。この疑問を解くためには、まず、戦後における検定制度の歴史について考察することから始めなければならない。占領軍は、日本人の「精神的武装解除」を達成するために日本の教育制度に徹底的変革を加えたが、教科書については「国定教科書廃絶」を当面の目標とした。

そのために占領軍の取った措置が、まず、国定教科書の徹底検閲であった。昭和二十年十一月十日、GHQの民間情報教育局（CIE）は文部省に対し、全教科書の完全英訳提出を口頭指令、これに文部省が最大限抵抗すると見るや（年内に提出された英文原稿は、四七五種の国定教科書のうち、わずか十七種）、翌二十一年二月四日、教科書検閲基準を設定し、教育内容への露骨な権力介入を開始した。

## 【教科書検閲基準（昭和二十一年二月四日、ＣＩＥ教育課）】

○軍国主義

平和を愛好し他国の権利を尊重する責任ある政府を究極的に打ち樹てるため、以下の基準を設定し、軍国主義及び侵略の精神を促そうとする教材を教科書から削除する。

①戦争を紛争解決の英雄的な方法及び望ましい方法として賛美すること。
②天皇の為に、無条件の忠誠心をもって戦死するという名誉心。
③軍事的な偉業を賛美することによって戦争英雄を理想化すること。
④兵役に服することは祖国に奉仕する方法として最も愛国的であるという観念を発達させること。
⑤軍隊を賛美する対象物（大砲、軍艦、戦車、要塞、軍人）。

○超国家主義

友好的国際関係及び平等権と個人責任の原則に基づいた民主主義的傾向に資する観念及び態度を育成する教育計画を妨害されないよう、以下のような項目を包含した教材は、教科書から削除する。

①大東亜共栄圏の教義或いは領土拡張を目ざすような教義。
②日本人は他の民族や国民より優れているという観念。
③国際連合憲章の目的及び原則と矛盾する教育内容。
④天皇には無条件の忠誠心をもって服従すべきであるという観念。
⑤日本の天皇は他国の首長より優れており、天皇制は神聖・不易であるという観念。

○用語例
現御神《あきつみかみ》・現人神《あらひとがみ》・神御一人《かみごいちにん》・天津日嗣《あまつひつぎ》・皇国の道・皇国の使命・南進日本・躍進日本・天壌無窮・七生滅賊・尊皇攘夷・国民的・国民・国家（Nation Home）・節句・我が国（Our Country）

○宗教的教義
日本人民の宗教的自由と、宗教と国家との分離の達成のため、以下の事項を促そうとする教材を教科書から削除する。
①如何なる宗教であれ、その教義・信条或いは哲学（例えば神道に関する教材）
②神道・礼拝・祭礼に関する教材

この検閲基準に基づいて教科書は、原稿段階・校正刷段階・製本後の三回にわたって検閲を受け、検閲済みの教科書には、「APPROVED BY EDUCATION（文部省検定済）」の表示が、扉又は奥付に印刷された。天皇に関する言葉をはじめ、「国民」という言葉までも教科書から削除したのはなぜか。それは福澤諭吉が指摘したように、「国民」という言葉は「歴史を共有する共同体」という意味を持つからだ。つまり、共同体意識を持たせないようにするために「国民」を削除対象としたわけである。

このように徹底した検閲が占領期間全般にわたって教科書に加えられたことによって及ぼされた、日本人への精神的影響の大きさを思うべきである。

占領軍の教科書検閲は、日本人から守るべき教育の内容を奪い去った最大の元凶であった。しかも占領軍は、検閲済みの教科書に「文部省検定済」の判を押した如く、それをあくまで日本人自身の手になったものとして表向きに遂行しようとした。

かくしてここに、国定教科書廃止後の教科書制度として、占領軍検閲のカモフラージュのために検定制度発足の工作が開始されるのである。

占領軍は、最初文部省に検定制度発足のための委員会「教科書制度改善協議会」を作らせる（昭和二十二年三月二十八日）のであるが、協議会が文部省の意向を汲み、国定制度を存続させようとしたので、これを解散させ、代わって「もっと民主的な教科書制度を立案し得る」新しい委員会の組織を、文部省に改めて指示した。

その一方で占領軍は、この方法を日教組に横流しし、日教組にこの委員会を独占させる戦略を立てた。当時日教組は「国定教科書打倒」を主要戦闘目標としており、この面では完全に占領軍と利害が一致したのである。

この作戦がまんまと図に当り、十二月十九日に発足した「教科用図書委員会」は、委員長、副委員長とも日教組幹部によって占められる（委員長：黒岩武雄日教組文化部長、副委員長：石井一朝日教組編集部長）事態が現出した。委員会は占領軍の期待通り、一か月のスピード審議によって国定制度廃止・検定制度への全面移行の原則を決議した。こうして占領軍は、国定制度に固執する文部省を尻目に、事もあろうに日教組を利用して検定制度を発足させ、当初の目的を達成したのである。

昭和二十三年一月、委員会の初会合での席上で、教科用図書委員会の性格につき、これを文部省の諮問機関だとする文部省側（稲田教科書局長）と、独自の議決機関だとする日教組側（石井一朝教科用図書委員会副委員長）とが対立したが、この時の日教組（石井）と占領軍（CIE、ハークネス教育課程・教科書部隊長）とのやりとりが、検定制度発足の裏にあった三者の力関係を髣髴《ほうふつ》とさせるものである。

〈ハークネス「この委員会は文部省のいう通り諮問機関だが、しかし文部省は、この委員会の決定を尊重する道義的責任を負っている。各委員は何物にも拘束されず、自由に討議すべきだ……文部省は公僕であり、当委員会は文部省に民主的な暗示を与える立場にある」

石井「委員会の諸決定は、文部省を拘束し得るか」

ハークネス「そうだ、ＣＩＥも同じく拘束される」

……稲田文部省教科書局長は渋い顔をした。〉

（石井一朝「検定教科書始末記」）

検定制度は、こうして占領軍と日教組の「国定教科書制度」廃絶の意図が合体した上に、占領軍の教科書検閲をカモフラージュする制度として、発足したのである。

## 文部省への制限規定

国定制から検定制への移行によって教育内容の決定権を文部省から剥奪した占領軍は、更に文部省に対して機構的な制限を加えることによって、その徹底的弱体化を図る。占領軍のバイブルであった教育使節団報告書（昭和二十一年三月）は、次のように勧告している。

〈文部省は日本人の精神を支配した人々のための権力の座であった。我々はこの官庁がこれまで行ってきた権力の不法使用の再発を防ぐために、カリキュラム・教育方法・教材・人事にわたるこの官庁の行政支配を、都道府県や地方の学校行政単位に移譲することを提言する〉

昭和二十二年三月三十一日公布の教育基本法は、これを受けて、教育行政について次のように規定した。

**第十条**
教育は、不当な支配に服することなく、国民全体に対し直接に責任を負って行われるべきものである。

二　教育行政は、この自覚のもとに、教育の目的を遂行するに必要な諸条件の整備確立を目標として行われなければならない。

これに基づき、占領軍は旧教育委員会法（昭和二十三年七月十五日公布）及び文部省設置法（昭和二十四年五月三十一日公布）によって、文部省の法的地位を明確に規制する。旧教育委員会法は、教育委員会に文部省の教育行政権を移譲せんとするもので、文部大臣に対する次のような禁止規定を特別に定めた。

**第五十五条**

二　法律に別段の定がある場合の外、文部大臣は、都道府県委員会及び地方委員会に対し、……行政上及び運営上指揮監督をしてはならない。

また文部省設置法においても、占領軍の強い意向に基づいて次のような規定が設けられている。

**第五条**

二　文部省は、その権限の行使にあたって、法律（これに基く命令を含む）に別段の定がある場合を除いては、行政上及び運営の監督を行わないものとする。

即ち、教育委員会によって文部省は、中央官庁としての地方に対する指揮監督権を失い、文部省設置法によって教育内容に対する指揮監督権、即ち教育内容の決定権（検定権）を失ったのである。

## 独立後の検定制度

検定制度発足のイニシアチブが、日本側でなく占領軍にあったという事実は重大である。このことは、この（教科書検定）制度が占領軍の教育理念を守るために創設されたものであることを示している。

検定の実態は、日本人の精神解体を意図した占領軍の教科書検閲そのものであり、占領軍の設定した教科書検閲基準を、日本人自らが規範化する自己検閲の構造が検定制度に他ならなかった。それ故、占領解除に伴う検閲主体（占領軍）の消滅は、直ちに検定制度を有名無実化させた。検定制度にとっては、占領軍の検閲こそが最終的な検定「基準」に他ならず、独立後の検定制度は「何から何を守るのか」という絶対的な方針を失ってしまったのである。

この結果、検閲廃止による日教組教科書に対するノーチェックは当然、市場に「赤い教科書」を氾濫させる。「文部省の検定」とは名ばかりで、実質上の検定権は、占領軍から日教組へと、移ったのである。

かかる教科書の左傾化に対し、昭和三十一年、「うれうべき教科書の問題」（日本民主党パンフレット）に端を発した偏向教科書批判の勢いは、教科書法案を初めて国会に上程させるに至った。教科書法案は、検定制度の法的不備をこれによって一気に解消し、検定権の奪還を狙ったものであるが、日教組の猛烈な反対で、ついに廃案となった。

教科書法案の挫折によって、検定の法的不備の是正に失敗した文部省は以後、行政措置による「なし崩し的」検定権奪取の途《みち》へと向かう。文部省に教科書調査官を置き、教科用図書検定調査審議会に保守系委員を送り込む（昭和三十一年）、又、学習指導要領を「告示」として法形式化（昭和三十三年）等、検定制度はここに至ってやっと文部省サイドで動き始める。

だが、こうした一連の文部省による行政措置は、苦しい法解釈によって自らの立場を合法化したものに他ならず、検定自体を密室化して法の目の届かない所へと追いやる傾向を、文部省の中に生ぜしめた。家永裁判は、そうした文部省の弱点を巧みに衝《つ》く形で提起されたのである。

## 法的根拠の欠落

家永教科書裁判は、検定制度の構造を明らかにすることによって、文部省の教育内容への介入権を否定する判決を引き出さんとしたものである。そこで判決を手がかりにして、検定制度の法的実態を知る必要がある。

**【杉本判決（昭和四十五年七月十七日、文部大臣敗訴）】**

〈現行の教科書検定制度は……学校教育法二十一条で「小学校においては、文部大臣の検定を経た教科用図書……を使用しなければならない」と規定するのみで……法律は、教科書検定とは何か、いかなる基準、手続きでなさるべきかなど、……教育上の重要事項については、なんら定めることなく、これらについては直接国会の議を経ない下位法たる省令または告示などでそれを充足しているにすぎない〉

ここにまずもって、制度自体の法的不備が指摘されている。文部省は、これに対して「教科書の検定が教科書としての適否を審査してこれを決定することを意見することは、社会通念となっている。このように教科書検定の定義、内容は社会通念として明らかであるので、それを法律をもってわざわざ規定する必要はない」（第一次訴訟被告答弁書、昭和四十年九月十八日）というが、いささか強弁の誹《そし》りを免れ難い。

こうして、文部省に言わせれば、「検定とは何か」ということについては「社会通念として明らか」であるので、現在、省令を含めた一切の検定に関する規定から、検定の定義、趣旨、目的に関する規定は欠落してしまっている。

だが、「検定とは何か」という確たる法的規定もなくして行われている「検定」とは、一体何であろうか。教科書裁判で「検閲まがいの検定」というイメージが定着したり、教科書事件で毒を盛られたのも、ここにこそ、根本の原因はあったといわねばならない。

## 教育に対する国家責任の欠落

そうした制度自体の法的根拠の欠落に加え、検定主体たる文部省の教育内容に対する決定権、即ちどこまで文部省は教育内容に踏み込めるのかという問題がある。

### 【杉本判決】

〈本条（教基法十条）一項前段は、教育の自主性・自律性を強くうたったものというべきであるから、議員内閣制をとる国の行政当局もまた「不当な支配」の主体たりうることはいうまでもない……教育行政は「この自覚のもとに」行われなければならないのであるから、本条二項にいう「条件整備」とは教育の内容面に権力的に介入するものであってはならず……教科書検定における審査は、教科書の誤記、誤植その他の客観的な明らかな誤り、教科書の造本その他教科書についての技術的事項および教科書内容が教育課程の大綱的基準の枠内にあるかの諸点にとどめられるべきものであって、審査が右の限度を超えて教科書の記述内容の当否にまで及ぶときには、検定は教育基本法十条に違反するというべきである〉

文部省は教育内容の決定には一切踏み込んではならないとするこの判決は、では一体誰が、最終的には日本の教育に責任を取るのか、という問題を提起しているのである。

憲法はこれに関し、次の様に規定するのみである。

## 第二十六条

すべて国民は、法律の定めるところにより、その能力に応じて、ひとしく教育を受ける権利を有する。

二　すべて国民は、法律の定めるところにより、その保護する子女に普通教育を受けさせる義務を負う。義務教育はこれを無償とする。

杉本判決は、その点を更に追求する。

〈憲法がこのように国民ことに子どもに教育を受ける権利を保障するゆえんのものは……教育が何よりも子ども自らの要求する権利であるからだと考えられる……このような教育の本質にかんがみると、前記の子どもの教育を受ける権利に対応して子どもを教育する責務をになうものは親を中心として国民全体であると考えられる……国家は、右のような国民の教育責務の遂行を助成するためにもっぱら責任を負うものであって、その責任を果たすために国家に与えられる権能は、……教育を育成するための諸条件を整備することであると考えられ、国家が教育内容に介入することは基本的には許されないというべきである〉

このように、最終的な責任を「親を中心とする国民全体」に委ねている。しかしながら、憲法が「教育に対する国家責任」を欠落させている限り、このような判決が出るのはむしろ当然であり、国家（文部省）は、教育基本法十条にいう「不当な支配」と見られることを恐れて、教育内容に対する国家としての責任を放棄せざるを得ない状況に追い込まれているのである。

## 法的根拠欠落の背景にあるもの

憲法第二十六条と教育基本法第十条は、国家をして教育内容に関与させない旨を規定したものである。そのことによって憲法と教育基本法は、守るべき教育理念を国家が再び掲げることに対して、憲法構造としての歯止めをかけてきたものに他ならない。それは、検定制度の歴史が、何よりも雄弁に物語っている。

検定制度は、一体何から、何を守らんとしてきたのか。何を排除し、何を守らんとしてきたのか。こうしてみると、暗澹《あんたん》たる気持ちに囚《とら》われざるを得ない。それは一貫して日本的教育理念を排斥してきた歴史ではないか。

確かに、曲がりなりにも文部省が、左翼イデオロギーの防波堤の役割を果たしてきたことは事実である。しかし、検定制度維持のみにエネルギーを費やしてきた文部省は、本来何の為に検定はあるべきなのかという、検定の原点を喪失してしまった。検定とは、外国の不当な支配から、日本の教育を守ることではなかったのか。外圧を引き入れ、制度に毒を盛られ、排除せんとしてきた左翼イデオロギーを逆に守らねばならぬ羽目に追い込まれた今日においても、なお文部省は、検定制度に固執している。

教科書事件において、文部省が内政干渉を拒否できず、外圧を易々と導入してしまったのは、文部省自身が守るべき教育理念を喪失していたからに他ならない。ここに、文部省の悲劇がある。

一人文部省だけではない。占領七年間の過酷な思想的圧力に、一体日本人の誰が、よく耐え得たであろうか。占領が終って日本が独立した時、検定を国是に戻さんとする声は、もはや国民のどこからも聞こえてはこなかったのである。内政干渉に抵抗できなかった文部省を非難することは易しい。しかし、検定制度を崩壊に導いた究極の原因は、検定制度に魂を込められなかった国民一人一人の心の内にこそあったと言わねばなるまい。

そして、そのことこそが、今日の教育荒廃をもたらしている究極の要因なのではないだろうか。崩壊した検定制度の後を埋めるのは、何としても、守るべき日本の教育理念そのものでなくてはならないのである。

## 「内圧」を加えた日本政府・外務省の責任

近隣諸国条項によって、祖国を不当に貶めるような歴史教科書の記述を巡る問題が生じてきたわけであるが、その中で「子供たちが祖国に誇りを持てるように」という願いをもって登場した高校歴史教科書が『新編日本史』（原書房）である。『新編日本史』がなんとか文部省の検定を合格することができたのだが、内閲本合格後に異例の修正指示があったのである。

私は月刊誌『諸君！』昭和六十一年九月号巻頭論文「新編日本史『検定』全記録」において、内閲本合格後、四次に及ぶ前代未聞の修正を余儀なくされた、政府首脳、文部省、外務省までが不当に介入した超法規的措置の一部始終について徹底的に検証した。この論文をめぐって朝日新聞と訴訟騒動が起きたことについては、拙著『教科書検定』（中公新書）、『総点検戦後教育の実像』（ＰＨＰ研究所）、『天皇と戦後教育』（ヒューマンドキュメント社）に詳述している。

改めて、歴史教科書を歪めた外圧と内圧の問題点を整理したい。

第一に指摘しなければならないことは、政府、外務省、文部省（当時）自らが初めて実質的に教科書検定制度を否定したという事実である。

内閲本合格後に中韓からの外圧と政府・外務省からの内圧によって事実上の検定のやり直しを行ったことは明らかに検定制度の自殺行為である。文部省がいかに「今回の措置は文相の権限の枠内、現行検定制度の枠内の措置」と強弁しようとも、検定権限のない政府首脳や外務省が文相の権限に介入し、検定審を無視して教科書検定制度を踏みにじる違法行為（検閲）を行ったことは明白である。

第二に問われるべきは外務省の責任である。外圧をやわらげ国内政治の混乱を防ぐ任に当たるべき外務省が、もっぱら外国の意向を汲んで文部省に圧力を加え、「歯止めなき外圧修正」「外国による検閲」に道を開いたことは重大である。

外国から批判の声が上がるとひたすら譲歩するばかりで、これ以上は譲れないという定見や原理原則をまったくもたぬ外務省の無能ぶりを白日の下にさらけ出した。外務省はマスコミの誤報によって生じた教科書事件から何も学んでいないばかりか、当時の官房長官談話を盾にとって外国からの批判に過剰反応し、取り下げ工作や検定審を無視した外圧修正に積極的に関与するという醜態をさらした。

このように外圧に弱く、これに対応し得ない外務省の体質を根本的に変革しない限り、今回の修正を盾にとって、今後外国から次々と教科書の具体的修正要求が突きつけられる事態が起きるかもしれない。

その場合、我が国がこれに対処できないことは明白である。ご都合主義的「自主検閲」を二度と繰り返さないためには、政府、外務省、文部省が一体となって外圧に本格的に対応するための対策・原理原則を早急に確立する必要がある。

第三に明確にしなければならないのは、「外圧に屈することの是非」についてである。この点については産経新聞が繰り返し「主張」欄で「外圧に屈することの非」を訴え、「正論」欄で曽野綾子氏が「外国の検閲を認めてはならぬ」、渡部昇一氏が「日本人よ、卑屈になるな」と題して主張を述べた。

教科書検定は基本的に日本の主権の問題であるが、外国が日本の教科書を批判すること自体は自由であり、外国がどのような教科書をつくろうともそれも自由である。それ故に外国が「内政干渉」したことが問題なのではなく、「外圧に屈した」日本側の主体性の無さが問題なのである。

過去に対する謙虚な反省なしに「内政干渉だ」と一方的に糾弾することは軽率のそしりを免れないが、過去の歴史に対しては、各国の相互反省による相互理解が何よりも必要であり、日本の非のみを一方的に責めることは誤りである。問題なのは外圧よりも、外務省にこの一線を越えると内政干渉になるという原理原則が全くなく、教育問題についての基本的認識が欠落していることである。

一方、文部省には外国からの不当な批判には断固反論するという国際感覚が欠落し、この両者の致命的欠陥が相乗的に作用して外圧修正を招来してしまったのである。

かつて中国がイギリスのアヘン戦争などの教科書記述に対して修正を求めた時、サッチャー首相はこれを断固として拒否したが、『新編日本史』検定事件で最も問われるべきは「内圧」を加えた日本政府・外務省の責任である。

## 真の友好とは

また、外国からの一方的な教科書批判に甘んじることなく、日本も対等に中国・韓国などの教科書を分析・批判し、日本の教科書に対する批判内容が、国連憲章や日中平和友好条約、日韓基本条約の精神に反しないか十分に検討し、反論する自由があることも忘れてはならない。

国連憲章の原則には、「国内管轄権内にある事項」に対する不干渉原則が明記されている。日中平和友好条約、日韓基本条約の精神とは、「主権（及び領土保全）の相互尊重」や「内政に対する相互不干渉」を謳っているものだ。中国・韓国からの批判は、これらの精神に反していないか。対等な関係だからこそ分析・批判することが必要なのである。

真の友好は相手の言うことを何でも受け入れることによってもたらされるものではなく、お互いがどうしても一致し得ない相違点を認め合い、相互理解を深めることによって初めてもたらされるのである。日本政府や外務省・文部省はこの国際親善の「原点」をはき違えているのではないか。

## 文部省とマスコミの責任

第四に追及されるべきは文部省の責任である。西崎初中局長は「検定規則に定めがないが、諸外国からの批判や要請などの特段の事情がある場合は、より良い教科書を得るために（従来の検定制度の）手続きによらない措置を取ることは文部大臣の権限である」と述べたが、これは明らかに裁量権の乱用であり、諸外国からの批判や要請は今後も繰り返されることが予想される。

「諸外国からの批判や要請」をもって「特段の事情」と認め、このためにとった「超法規的措置」を「よりよい教科書をつくるための」文相の権限の枠内の合法的措置と強弁するのは自分勝手過ぎる。

第五に追及されるべきは、朝日をはじめとする一部のマスコミの責任である。『新編日本史』という新たな教科書の登場に慌てふためき、論理的思考力を失い、明確な思想的批判なしに「復古調」などという短絡的な感情論に終始した朝日新聞の報道は問題である。

文部省当局者は「北京への〝注進〟が日本の新聞記者によって行われたこと」を認めているが、このような新聞記者の姿勢は、単なるスクープ記事を狙うという域を超えており、外国の批判や「外国による検閲」を誘導し、自らの思うように「世論操作」を行おうとする明確な政治的意図に基づくものと断ぜざるを得ない。

私自身も『新編日本史』の執筆に関与したが、この教科書騒動を通して現行の教科書検定制度は既に「耐用年数」を超えていることが明らかになった。この検定制度をこのままにしておけば、再び「外圧検定」を惹起《じゃっき》することは必然であった。

そこで私は、臨時教育審議会において教科書調査官や教科用図書検定調査審議会、検定内容の公開、検定基準などの教科書検定制度の問題点について論点整理を行った（拙著『教科書検定』中公新書、参照）。

『新編日本史』検定において、「戦後政治の総決算」「東京裁判史観の誤り」を説く首相自らが、東京裁判史観に立脚する第三次修正を指示したことは明らかに矛盾している。日本政府、外務省、文部省が教科書事件に対する「外交的失敗」を厳しく反省し、二度とこのような過ちを繰り返さぬよう強く求めたい。

## これだけは知っておきたい「南京大虐殺」をめぐる歴史戦

戦後七十年という節目の年を前に、中国は対日歴史戦を本格化し、平成二十六年（二〇一四）六月、「南京大虐殺」に関する史料をユネスコ「世界の記憶」に登録申請を行った。そして、翌年十月四日からアラブ首長国連邦の首都アブダビで開催されたユネスコ「世界の記憶」国際諮問委員会で登録が決定された。

私は同年七月九日、パリのユネスコ日本代表部を訪れ、駐ユネスコ公使と参事官に会い、中国が登録申請した史料に対する反論文書と大原康男・竹本忠雄共著『再審「南京大虐殺」――世界に訴える日本の冤罪』（明成社）と北村稔著『The Politics of Nanjing』（アメリカ大学出版）を手渡し、問題点について説明した。

北村氏の英文著書は『「南京事件」の探究』（文春新書）の英語版であるが、「南京事件」を世界に知らしめたイギリスの記者・ティンパーリが書いた『戦争とは何か』が、国民党中央宣伝部の戦時プロパガンダの所産であったことを、当事者の証言によって明らかにした。

日本人戦犯捕虜九六九人の供述書がユネスコに追加申請されたが、「軍国主義者と人民・兵士を区別する」という毛沢東の基本方針に従い、中国共産党の指揮下で日本人捕虜の洗脳教育を担当した責任者は、コミンテルンの日本代表としてモスクワに滞在し延安に移った野坂参三（元日本共産党議長）であった。

ユネスコ「世界の記憶」に登録された史料は中国の南京出版社より全二十冊発刊され、「前書き」には、虐殺被害者は三十数万人と明記されている。

アブダビにて開催されたユネスコ国際諮問委員会に筆者も出席

同「前書き」によれば、ソ連が一九四五年八月に中国の東北地方に出兵した時に捕え、昭和二十五年（一九五〇）七月二十日にソ連から中国に引き渡された後、「偵察的尋問と教育的な改造を経て、一九五六年六月に中華人民共和国最高人民法院の特別軍事法廷の裁判を受けた九六九人の日本人戦犯」の供述書が追加申請されたのである。

しかし、中国共産党が調査した「戦犯日本兵捕虜の供述書」は、関係者の証言などから信憑性に乏しく（東中野修道『南京「事件」研究の最前線』参照）、三十数万人の虐殺があったという学術的根拠を立証する史料もなかった。

同「資料解説」によれば、

①戦時中に作成され日本の研究者から反論が出ていないものが十一点
②反論が出ているものが十九点
③戦後作成された資料が六十七点
④作成年不明が十八点

で、三十数万人の「大虐殺」を証明できる資料は皆無であった。

戦後作成された資料の大半は、中国国内で行われた聞き取り調査であるが、被害申告者名や目撃者名が書かれていない極めて粗雑な報告書である。

まず、第一章の「前書き」、ラーベ日記の原文にはない文書が偽造されて、証拠資料として提示されている。

映像資料は米人牧師ジョン・マギーが撮影したマギーフィルムだけで、南京の戦犯法廷で傍聴人の前で上映された戦線記録映画『南京』は収録されていない。マギーフィルムに

「日本軍に暴行された中国人が映っている」と中国側は主張しているが、暴行場面はなく、マギー自身も東京裁判で、実際の目撃「殺人一件」と証言しており、東京裁判でも証拠として提出されなかった。

また、南京占領直後に日本軍の許可で行われた戦争の人的・物的被害の調査報告書であるスマイス報告書の本体も全二十冊に収録されていない。南京市国際安全区で働いていた中国人女性の程瑞芳《ティズイホウ》日記の記述は、当時行動を共にしていたミニ・ヴォートリンの日記と比較すると真逆の内容で信憑性がない。「殺人・強姦等の暴行を実施した」と明記した金陵大学の文書は、単なる「被害一覧表」に過ぎず、日本軍による殺人・強姦を立証するものではない。

私はユネスコに意見書を提出したが、世界記憶遺産への登録を阻止できなかった。最大の失敗因は、外務省が積極的な働きかけはかえって反発を招くことを懸念し、事実に踏み込んで反論する姿勢に欠け、事前審議で「仮登録」という評価を下した登録小委員会への働きかけが中国に比べて欠落していたことである（拙稿「歴史戦争の敗北はなぜ繰り返されたのか」『正論』平成二十七年十二月号、参照）。

前述したパリのユネスコ代表部で英文反論文書と著書を手渡した際、「外務省のQ＆Aをご覧ください。日本政府は南京虐殺自体は認めているのですから、個別の反論をしてもいかがなものか」と疑問を呈されたので驚いた。これでは日本の名誉は守れない。外務省のQ&Aに、南京事件はジェノサイド、大虐殺ではないことを明記しないといけない。外野から野次を飛ばしている場合ではなく、内野に降りて一緒に守備につかなければ日本の名誉は守れない。このことを安倍元総理にも、自民党外交部会でも訴え、「官民一体の歴史戦チーム」の必要性を訴え続けてきた。

令和六年四月二十五日発売の『週刊新潮』に、三月十九日にアメリカで出版されたブライアン・リッグ著『日本のホロコースト――第二次世界大戦中の大日本帝国による大量殺人と強姦の歴史』に対する私のコメントが詳述されている。

同書はアイリス・チャン著『レイプ・オブ・南京』を凌《しの》ぐトンデモ本であり黙殺するのが最も賢明な対応かもしれないが、とりわけ昭和天皇に関する描写はひどく、「裕仁は兵士ごっこを楽しんだ」「征服された人々や自国民の苦しみには無関心だった」「まるで極度の偏平足かのような歩き方が変」「オタクのような丸メガネ」などと揶揄《やゆ》している。

慰安婦記述もひどく、「平均年齢はわずか十五歳」「二十五万人の女性を強姦し……悲惨な試練を生き延びたのは、わずか十%」など全く根拠のない荒唐無稽な数字が断定的に書かれている。

まずは、外務省のQ&Aで「大虐殺」を明確に否定することから始める必要がある。

# 第五章　いじめ・不登校を克服する感性教育

## 臨教審のいじめ論議

私は政府の臨時教育審議会専門委員時代に、いじめ論議にも参画した。このときすでに現代の子供たちのいじめの心情に共通するものがあったように思える。

一九八〇年代以降、いじめを苦に自らの命を絶つ子供が出現し、今日ではインターネットによるいじめなど、いじめ問題は複雑な様相を呈してきている。子供の関係性の問題に親や学校・行政はいかに関わるべきか。

臨教審で当時問題になったのは、以下の特徴をもつ「遊び型いじめ」であった。

・ある特定の行動傾向をもつ子供（複数）を中心とする、グループによる組織の行動であること

・ターゲットにされた子供に、ある「演技」をするよう暴力的に強要し、笑いの種にしている
・いじめ行動それ自体を楽しむ「遊び」であり、クラスの子供の大部分や時には教師をも巻き込んでいる
・長期にわたり陰湿に繰り返されること

「教師をも巻き込んでいる」というのは、昭和六十一年に、当時中野富士見中学校二年生だった鹿川裕史君が「葬式ごっこ」といういじめを受けて自殺した事件を指している。この事件は教師も関与していたということでマスコミが大きく取り上げて大問題となった。

鹿川君をいじめた生徒は、数年後に次のように発言しているが、いじめの根っこにある心理がよく表れており、今日のいじめにも共通するものとして注目する必要がある。

〈みんな刺激に飢えていた。将来の夢なんて、だれも持ってなかった。ぼくらはたしかに何不自由なく育った。つらいこともなかったけど、楽しいこともなかったよ。中学に入ったときから高校入試を意識させられた。でも漠然と高校に入って、そのあと何をして生き

ていくのか。いい高校に入ったからといって、それが何なのか。ごく少数を除けば、将来、何かになりたいとか、どんな仕事をしたいとか、だれも思っていなかった（ぜんぜん生きる目当てがないんです）。だから、けんかとか、いじめなどがあるとわーっと盛り上がっちゃう。中学生には自分の家と学校しかないから、刺激への飢えが数倍強かったと思う〉

これはストレスの発散としていじめが生まれていることを示す非常に率直な告白といえる。いじめの背景には、自己肯定感や自分はかけがえのない存在であり、価値あるものであるという自尊感情の欠如、さらには人の心の痛みを感じる共感力や自己抑制力の欠如という共通の問題がある。

自分のアイデンティティーを内側から認識できず、他人との差異を外側から相対的に比較して認識しているために、いつも不安で自信がなく、「生きる目当て」もない中で刺激を求めているというわけである。

今日の新たないじめを防止するためには、根本療法と対症療法の両方のアプローチが必要であるが、根本療法で何よりも求められるのは、いじめについて相談できる親・教師との人間関係の絆を深めることである。

とりわけ、「いじめ・いじめられ関係」は家族同士の人間関係にその起源を持つということに気づく必要がある。いじめっ子の多くは、愛されたいという欲求と、認められたいという欲求が満たされていない。家庭教育において、この承認欲求をいかに満たしてあげられるかが根本的な課題である。家庭教育を支えているのは親子の絆、情である。

## いじめを克服する鍵は「感性」

いじめを楽しむことでストレスを発散するという歪んだ心を浄化するためには、次のような観点に立つ必要がある。

第一に、生命を尊重する態度や「生きる力」を育む教育が強調されているが、最大の課題はこれを建前のお説教ではなく、魂の内奥を揺さぶり、子供たちの心の琴線に触れるような実感を伴った自尊感情や自己肯定感につながる「気付き体験」にまで深めることである。

彼らは頭では人を殺すことを悪いとわかっているが、なぜ人の命を殺してはならないのかが魂で実感できない。残虐な行為をしても、彼らは涙が流れない。彼らは人の悲しみや痛みを切実に感じ、涙を流すという経験がないのである。特に、「命の連続性」と「命の連帯性」というものが実感できなければ、なぜ人の命を殺してはならないかは実感できない。「命の連続性」とは、祖先からいただき、子孫へ命を受け渡してゆく連続性であり、「連帯性」とは、例えば友人や自然と命が繋がっているということである。

第二に、いじめることの面白さを感じている現状を克服するには、いじめを超える「喜びの場」をどのように創造するかという発想の転換も必要であることだ。

第三に、家庭にも学校にも「心理的居場所」がないことがいじめの根因の一つといえる。家庭と学校をいかに「心理的居場所」にしていくかが重要である。

第四に、「問題行動」というといじめのネガティブな面のみに目を向けて、それはよくない行為だと指導しても、根本的な解決にはならない。問題行動という「行為」と「人格」は分けて考える必要がある。なぜ今の子はキレやすくなったかというと、親も教師も子供の「人格」を責めるからだ。人格をあたたかく見つめる眼も持たなければならない。

第五に、友達や親、教師とのつながりなど、共感し合う人間関係のぬくもりやあたたかさを体験する機会を増やしていくことだ。

これらに共通するキーワードが「感性」である。理想論に聞こえるかもしれないが、子供の深い内面に訴えかけることなしに、いじめの根本解決は為しえない。

## 大津市いじめ自殺事件と曽野綾子氏の問題提起

平成二十三年九月二十九日にいじめ自殺事件が起きた大津市立皇子山中学校は、平成二十一、二十二年度文部科学省「道徳教育実践研究事業」推進校で、事件が起きた約半年前に同事業の「研究のまとめ」を発表し、「学校、地域、家庭の連携で、大きな成果を上げた」と報告している。

同報告によれば、校内研究テーマは「自ら光り輝く生徒を求めて――心に響く道徳教育の実践」で、道徳教育の目標は「豊かな心、思いやりの心を育てる」「規範意識を高め、正しい判断力を培う」ことにあった。

皇中環境宣言には「いじめのない学級づくり」と明記され、「わが校のストップいじめアクションプラン」には、「いじめをしない、させない、見逃さない」と書かれていたが、生徒のアンケート調査には、「先生もいじめのことを知っていた」「いじめを見て一緒に笑っていた」等の記述が十五件あった。しかし、このことを取り上げなかった理由について、学校側は「記載を見落としていた」と釈明した。

教育長の当初の表明は「自殺の原因は家庭環境が問題であり、いじめが原因ではない」

というものだった。大津市教育委員会は、「いじめた側にも人権がある」として、「教育的配慮」により加害者の生徒に聞き取り調査を実施しなかったことで非難が殺到した。

道徳公開授業では、「命の大切さ」など多くの「感動」と「勇気」を与えたと書かれ、平成二十三年一月三十一日に行われた教師の意識調査によれば、「二年間の研究は活発に行われていましたか」という質問に対して、「はい」が二十二人、「やや行われていた」が十一人、「あまり行われていなかった」が一人、「いいえ」は皆無であった。

「研究のまとめ――成果と課題」には、「『クラスの思い出ベスト3』の中に『道徳』をあげた生徒が三人もいたという驚くべき成果……役割演技や話し合い活動の積み重ねにより、道徳的心情を言語化できるようになり、互いの感想や意見を交流することで、協同的な学びを深められるようにもなった」と書かれていた。

しかし、「いじめのない学級づくり」の具体策が欠落し、研究実践の成果と課題が不明確で、子供の内面の本質に迫ることなく、教師自身の変容が見られない。指導案の狙い、発問の整合性のズレが目立ち、「道徳の壁」「三人もいたという驚くべき成果」と考える教師自身の問題を問わざるをえない。従来の道徳教育の限界と問題点が浮き彫りになったといえる。

このいじめ自殺事件を契機に「道徳の教科化」を巡る議論が始まったが、その後もいじめ自殺事件が相次いで起きている。

平成二十五年一月、教育再生実行会議の委員で作家の曽野綾子氏が第一回会合で親子関係、家庭教育の重要性を強調し、次の三点を問題提起したが、取り上げられず、委員を辞任した事実を私たちは重く受け止める必要があるのではないか。


〈第一に、苛め問題を、制度の改革によって改変または軽減できると見る姿勢です。それでは到底根本的な解決には到達できないだろう、と思われます。……本質的に問題解決に向かって歩み出すには、もっと深い人間性への迫り方が必要です。制度や体制をいくら整えても、苛めという人間の本質につながる問題は解決しません。

第二は、苛められる側を救うための制度をいくら作っても、それもまたこの問題の解決にならないだろう……人間は自らが強くなる必要があります。

第三に、そもそも人間教育は誰が何によって行うのか、という根本の点にも触れないと、やはり解決の道には至らないでしょう。……今まで欠けていた教育の本来の責任者は誰かという視点にまで到達して、苛め問題の根を取り除く方向に向かって頂きたいと願っています〉

（曽野綾子委員提出資料）

## 子供の味方になる「見方」

人間性への深い迫り方について、思い出されるのが宮本武蔵の言葉である。宮本武蔵は『五輪書・水の巻』において、「観の目つよく、見の目よはく、遠き所を近く見、近き所を遠く見る事、兵法の専也」と説いた。その意味が腑に落ちたのは、東京学芸大学附属養護学校の先生と精神薄弱児とのかかわりに触れた時であった。私の「教育観の原点」である。

大学卒業後、この養護学校で半年間、徹底的に学んだことで、「特別支援教育こそが教育の原点」という確信を抱いた。その信念のもとに三十年以上、大学のゼミ合宿は、滋賀県にある重度の障碍者施設・止揚学園への訪問を中心におこなってきた。

この施設の子と、一般の小学生に「雪が解けたら何になる?」と質問したら、小学生は「水になる」と答え、施設の子は「春になる」と答えたエピソードが朝日新聞の「天声人語」に紹介された。頭で分かる冷たい客観的知識と、心で実感する温かい「心の真実」の違いといえる。

水不足の季節に雨が降って来た時、庭に飛び出て空に向かって、「よい天気、ありがとう」と叫んだ子に、「雨が降ったら、悪い天気や」と先生がたしなめると、その子は「みんな喜んでいる。だからありがとうや」と答えた。鯉のぼりを左右に何匹も描いた絵を見た先生が、その理由を尋ねると、「友だちたくさん、うれしい」と答えたという。

前述した養護学校の精神薄弱児は小学校五年生で精神年齢は二～三歳と言われ、背中には女の子なのに獣のような長い毛が生え、目脂が一杯で鼻は垂れ流したままであった。先生が菊のさし芽をしているのを見ながら、次々にそのさし芽を抜き取り、根を上にして植えていった。驚いた先生は「根を張らないうちに抜いてしまうと、枯れてしまって花が咲かないいんだよ」と諭したが、納得させることができなかった。さしては抜かれる日々が四日続き、五日目には抜かなくなった。このことについて先生は次のように説明した。「さし芽を抜く」行為は、「見の目」で見れば「問題行動」に見えるが、「観の目」で見れば、子供の内面は切実な探求心・学習意欲である、と。

この子の価値的な感情に共感し、「子供の『味方』になる見方」を持つことが教育の原点といえる。まさに「遠き所を近く見、近き所を遠く見る」という言葉の通りである。

## 教育現場を全国行脚

臨教審委員時代、問題行動への対応案が求められたことをきっかけに、私はいじめ・不登校・非行・学級崩壊などの問題行動から立ち直っている全国の教育現場を視察し、子供を「主体変容」に導く教育実践の共通点を分析して、以下の著書で詳述してきた。

①『悩める子供たちをどう救うか――いじめ、登校拒否、非行から立ち直った感性教育の現場から』（PHP研究所）
②『ホリスティック臨床教育学』（明治図書）
③『魂を揺り動かす教育――全国の教育現場を行脚して』（日本教育新聞社）
④『感性を活かすホリスティック教育』（廣池学園出版部）
⑤『教育再生の課題（上・下）』（日本教育新聞社）
⑥『ホリスティック医学と教育』（至文堂）
⑦『いのち輝く教育』（佼成出版社）
⑧『「学級崩壊」10の克服法。――親と教師はこう立ち向かえ！』（ぶんか社）
⑨『癒しの教育相談――ホリスティックな臨床教育事例集（全四巻）』（明治図書）
⑩『感性・心の教育（全五巻）』（明治図書）
⑪『心を育てる学校教育相談』（学事出版）
⑫季刊誌『感性・心の教育』第一～四号（明治図書）

## ⑬『子供がいきいきするホリスティックな学校教育相談』（学事出版）

神奈川県教育委員会の学校不適応（登校拒否）対策研究協議会専門部会長として、『学校に行けない子供たち』という冊子を責任編集し、県教委の不登校・いじめ対応を中心とした教員研修も担当してきた。埼玉県の教育委員になったのも、子供たちが立ち直った教育現場のエピソードを永田町で講演した際に、最前列で熱心に耳を傾けておられた上田清司埼玉県知事（当時）の目に留まったからであった。

全国行脚をした中で特に印象的だったのが、横浜市にある仏教慈徳学園だ。その施設では、毎日六時間、自然石の傷を磨かせることで、凶悪犯罪や殺人まで犯した子供達が医者や弁護士へと劇的に更生しているのである。当時の花輪学園長は、「非行少年と三十年暮らしてきて、人格を疑ったことはない」と断言された。とんでもない罪を犯してきた子供の人格を疑わない。犯罪はきれいなコップについたゴミのようなもの。汚れとコップは別であると。

しかし、学園長の少年たちへの関わり方は厳しい。人格を信じることは優しさの原点、行為を否定することは厳しさの原点なのである。その両方を、子供にあわせて使い分けていくことが本当の「心のキャッチボール」なのだ。

人格を信じると言っても、簡単にできることではない。大学の教育学で「子供を信じる」といったことを学んでも、実際に三〜四年経つと「子供って嫌ですね」と変わっていく学生を幾度も目にした。人格を信じるというのが知識ではなくて「信念」にならないといけない。

では、その信念はどこから湧いてくるか。それは自分の内にある心のマグマ、教育への情熱である。私にそれが分かってきたのは、三十歳になってからであった。

米国に渡り占領史研究に取り組んでいたが、満足な資料も見つからず孤独な闘いの毎日であった。その時、自分を心から励ました「かもめのジョナサン」のポスターに出会った。次の言葉が英文で書かれていた。

〈敢えて夢見ようと思うことを夢見なさい。あなたが生きたいと思う通りに生きなさい。あなたがなりたい人になりなさい。真に生きよ〉

自分の心のマグマからの情熱で、私は渡米した。改めて、その情熱の欲するままに生きようと励まされ、自分の本当の願いを見つめ、実行してきた。この経験が今も自信になっている。自分をあたたかく見つめ、信じられるからこそ、相手をあたたかく見つめ、信じることができるのである。

## 悩める子供たちをどう救うか

教育が荒廃している状況で、私は髙橋ゼミをはじめ、全国各地の大学で講演活動にも取り組んできた（今だから言えるが、ピーク時は一か月に二十五回の講演を担当し、帯状疱疹になったこともあった）。最後に、特にいじめの問題と、当時世間を震撼させた神戸事件（酒鬼薔薇聖斗事件）をテーマに語った二つの講演録を掲載し、この章のまとめとさせていただく。

## 教育再生――ナンバーワンからオンリーワンへ（平成八年、於・早稲田大学）

※語調は講演時の表現に従うこととする。

### 「生命」の危機の時代

「いじめ」なんていうことはまぁ大した問題じゃない、と思っている人がいます。

教育界の問題に過ぎない、と思っている人もいます。でも私はそうは思わない。今、地球環境の問題が叫ばれています。私はこれを「外なる自然破壊」と言っています。それと共にいじめに象徴される「内なる自然破壊」が深刻な問題になっている。内と外の自然破壊、つまり「生命」というもののそのものの大きな危機が今、来ているのではないか、そういう問題としていじめの問題を捉えたいんです。

ＮＨＫがいじめの特集番組をやった時、全国から二〇〇〇通を超えるいじめっ子、いじめられっ子からの手紙が殺到しました。私が一番気になったのは「いじめている限り救われる」という、あるいじめっ子の手紙でした。自分がいじめている側にまわっている限りはいじめられない。つまり、極端な言い方をすれば、人間関係が「傷つけ傷つけられる」関係、「敵味方」の関係になってしまっているんです。

## いじめの構造

一万三五〇〇人の中学生を対象に文部省が調査をした結果、約四割の中学生は、「いじめられた」あるいは「いじめた」と答えています。その五十九％は重なっています。

つまり、いじめっ子といじめられっ子に二分しているわけではなく、又ごく一部のいじめっ子といじめられっ子がいるわけでもないんです。「いじめの構造」というものが全国の学校にできあがっており、それをまず理解しなければならない。

ある塾の子供ははっきりこう言いました。

〈僕の友達は皆敵です〉

運動会でライバルが転ぶことが自分の幸せにつながる。会社に入れば、上司が早く死んだ方が自分の出世につながる。

えげつない話をしていますが、「人の不幸が自分の幸せにつながる」。これは競争社会の現実です。「役に立つか立たないか」或いは「損か得か」、そういう合理的な利害関係というものの中で人間関係が今、固定化されている。本来、アイデンティティーは、自分の中に内在しており、皆それぞれのオンリーワンの価値を持っているんです。

ところが我々は、外的な差異を比較してアイデンティティーを確認しています。偏差値に象徴されるような差異で比較して一喜一憂し、他人との比較で自分を意識するんですね。

大阪の豊中市で、軽い障害を持った女の子を、登校拒否の少年ら四人が三十分間、殴る蹴るの暴行を加えて殺しました。その子たちには、軽い障害を持っている女の子が自分より下で、その自分より下の人間をいじめることによって優越感を感じるという心理構造が、残念ながらあったんです。

## 経済成功の原因が教育荒廃の原因に

効率主義、合理主義、機能主義、平等主義……こういったことは、実は日本の近代化を支えてきた要因、経済を成功させてきた要因なんです。ところが経済を成功させて、教育水準を大きくアップさせた原因が、今日の教育荒廃の原因になっている。「経済の成功の要因が、教育の失敗の原因になっている」ということを、きちんと私たちは構造的に踏まえておく必要がある。

明治以来、特に戦後、我々がやってきたことは「経済を発展させる」ということです。もっと豊かに、もっと便利に、もっと快適に。でも、この「モア・アンド・モア」というのはきりがないんです。いい車を買ったらもっといい車を、というように。

首都圏下でブルセラ女子高生（ブルマとセーラー服の略語であり、実際に着用したブルマとセーラー服をアダルト商品として売る女子高生のこと）の数が一万人を超えた、というデータがあります。

この子たちの考え方は、基本的に「損か得か」という価値観です。顔や名前さえばれなければ、時給八〇〇円や一〇〇〇円でバイトするよりも、一度にたくさんのお金を貰った方が得だ。この価値観はかなり根強い。道徳の時間に教わったことは「人に迷惑をかけるな」ということだった。

でも、自分が使った下着を売って、それを買って喜んでいるおじさんがいて、お金を貰って喜んでいる私がいる。誰にも迷惑をかけてないし、両方喜んでいるんだからいいじゃないか。これはなかなか説得力があるんですね。今の大人はそれを越える道徳的な壁になれないでいる。

文部省は全国に「もっと思いやりや正義感を教えてほしい」という通知を出した。これほど現場の先生方に影響を持てない通知はない。

思いやりや正義感が必要だということは皆分かっているんです。でも、それをどうやって教えればいいんですか。目の前で弱い者いじめが溢れているのに、誰も止めに入らないという現実があるわけでしょう。

それをどうやって変えることができるのか。問われているのはそのことなんです。

## 「本当の自分」への気付き

私は全国の教育現場をまわりながら、いじめや登校拒否、非行から実際に子供達が立ち直っている現場の実践を理論化する「臨床教育学」に取り組み、玉川大学大学院で教えています。

その例を一つ紹介しますと、横浜にある非行少年の保護施設「仏教慈徳学園」なのですが、そこでは子供達は毎日六時間、「銘石」という石を磨いている。そして石の傷をひたすら磨きながら、感想文を書いているんです。

〈僕は石を磨きながら僕の心をピカピカに磨いていた。僕の人生もピカピカに磨いていきたい〉

そう言って、弁護士になったり、医者になったり、大変な立ち直りをしているんです。まわりは何も変わっていない。親も学校も社会も全然変わっていません。変わったのは自分への気付きだけです。「本当の自分」への気付きだけですね。

今、「本当の自分」に出会うという機会が中々ない。そして「偽物の自分」を自分だと思い込んでしまう。全国の子供たちが立ち直っている現場に共通しているのは、「本当の自分に出会う」という「主体変容」の体験です。

例えばある学校で百㎞競歩をして、途中でもうだめだと諦める。でも怪我をした友達も頑張っている。自分も歯を食いしばって百㎞を歩き終える。これまで自分を冷たく見ていたけれど、「僕はこんなにすごいんだ」と自分に感激して泣いていた。「自分に感激する」。そういう体験が「主体変容」へと導き、人間を変えていくわけだけれども、そういう機会が学校生活で一体どれだけあるだろうか。

## 生命や心の痛みに対する共感性

私たち戦後世代が失ったものは何か。戦後教育が忘れてきたものは何か。私は「生命や心の痛みに対する共感性」だと思うんです。

阪神・淡路大震災の時、多くの人がボランティアに駆けつけましたが、私のゼミの学生の中にも、試験を受けないで駆けつけた者がいます。

「先生、僕はお年寄りを救済するから、僕の試験を救済して」と冗談を言って出ていきました。三か月間、車の中で寝泊まりをして帰ってきました。

「何を感じたの」と聞いたら、「お年寄りの世話をずっとしながら、お年寄りに精神的なものを与えられました」と言いました。「損か得か」の世界ではなく、「助け助けられる」関係、「与え与えられる」関係というものを経験してきたんですね。

私が訪れた登校拒否の全寮制高校では、親と子の「魂の出会い直し」によって子供が立ち直っている。最初のうちは多くの高学歴の親たちが、二か月に一回集まってきても、世間体のことしか口にしません。大抵、親は自分の子供を裁いています。「何でうちの子供だけ学校に行かないのか。自分はこんなに優秀なのに、不出来な子供ができたものだ」。こう思っています。

ところが段々、「どうしてこの子は学校に行けなくなったのか」「どういう不安があって学校に行けないのか」と親が一生懸命考え始めます。そして、親と子の心の距離が縮まっていき、魂の出会い直しが起こると、子供たちは次々と立ち直っていきます。

## 自分一人からの出発

私は臨時教育審議会で三年間委員を務めましたが、三年間を通して思ったことは、やはり教育界は責任転嫁が強すぎるということです。親に言わせれば「教師が問題だ」

と言い、学校の先生のところに行くと「親を変えねばならない」と言います。

或いは、テレビでの討論も随分やりましたが、皆「学歴社会がけしからん」「受験戦争がけしからん」と言うわけです。でも番組が終わり、テレビカメラが向いていない時、実はそこから本音の話が始まるんです。

私は「皆さんの子供さんはどうですか」と必ず聞きます。すると皆さん、東大を目指して、塾通いをさせている。そして自分の子供が大学に行きたくないと言った。絶対に許さないと言う。これは自己矛盾です。そういう自分を変えないで、世の中は絶対に変わりません。

子供を変えるのは至難の業です。しかし、子供を変えるのは難しくとも、少なくとも自分を変えていくことはできる。自分が変わっていけば、それを見てまわりが少しずつ変わっていく。これが「主体変容の教育改革」です。これ以外に世の中が変わることはない。

自分を変えることは、やろうと思えば幾らでもできる。つまりチャレンジです。夢と志を持ち続けている限りチャレンジができるのであり、チャレンジを続けていく限り、自己変革ができるのです。若者がチャレンジすることを恐れるようになったらお終いです。

ぜひ皆さんには、「本当の自分」を見つけ、夢と志を持って、チャレンジし続けてもらいたいと思います。

## 私たちの問題として「神戸事件」を問い直す（平成九年、於・長崎大学）

※語調は講演時の表現に従うこととする。

### 少年が把握していた二つの自分

私はあの神戸の小学生連続殺人事件には、現在の教育問題が潜んでいると思っています。あの事件については様々な分析や評論がありました。その中で、小田晋という先生は、この事件はとても特殊な事件で一般的に教育問題として論じるべきではないと言われました。確かにそのような意見はあるが、私は異論があった。

何故かというと、私はインターネットで同世代の子供たちにこの事件に関する感想を求めたんですね。その子供たちの四十九％が「行動は許せないが、気持ちは分かる」とアクセスしてきた。インターネットにアクセスしてくるのは熱心な中学生ですから、一般的な平均度は分からないが、それにしても約半数は「気持ちは分かる」と答えている。

しかも、「自分も同じ衝動を抑えている」「行動も理解できる」などと答えた中学生が少なくなかった。これは決して特殊な事件というふうに突き放して見られるものではなく、現代の子供たちの心に共通した問題を抱えていると認識する必要があるんじゃないかと思うんです。

犯人の少年は次のように供述しています。

〈……小学生六年のころから猫を殺し始めた。猫を殺すことに満足する自分と、嫌悪するもう一人の自分を意識するようになった。……自分は感情をコントロールできない面があるが、臆病で気が弱いため、自分よりも弱い同級生や下級生に暴力をふるっていた〉

少年は猫を殺して喜ぶ自分と、一方でそれに対して嫌悪感を抱く自分という「二つの自分」を意識していた。事件前に、少年が書いた「懲役十三年」という作文で、「自分の心の中に魔物が住んでいる」「人生の中で最大の敵は、自分の心の中の魔物である」

という言葉がありました。

私が作文の中で一番注目したのは、少年が「心の改革が根本である」と書いていることでした。つまり、猫を殺して喜んでいる魔物の自分に操られる、それが一番の敵だと思っていた。

しかし、その作文の最後は「人の夜の旅路は半ばふと気づくと俺は普通の道を見失い、暗い森に迷い込んでいた」と結ばれているんですね。つまり、猫を殺して喜んでいる魔物の自分の方が、現実の自分を操っていたという結果になった訳です。

## 自己のいのちの叫びが分からなくなった悲劇

私はこの作文を読んですぐに思ったのは、岡真史君という十二歳で自殺をした子のことです。この子は詩集を出しているのですが、最初は「自分の命は自分で守らなくてはならない、だから自分は絶対に死なない」と書いている。そして「心の修繕が大切だ」と書いている。だから神戸事件の少年と同じように、岡真史君も自分の心を変えていくことが大切だと意識していた。

しかし最終的には「自分の脳より他人の脳が分かりやすい」と書いた。つまり自分で自分が分からないと絶望し、自殺してしまった。

さらに中学校一年生の子が七月四日に首吊り自殺をしましたね。こういう遺書を書いていました。

〈自分も一皮むけば恐ろしい人間だと解りました。これ以上こんな人間が増えないために、自分が何もしないうちに死ねばいいと思った〉

私たちは情報化社会の中でホラービデオなどを含めて、周りにある環境に様々な影響を受けている。外的情報、外的環境に振り回されて自分自身を見失っている。しかし、自分が何を求めているかという内側から発している「いのちの叫び」、それが分からなくなっている。だからこの問題の一番背景にあるのは、「自分」という存在が分からないという事なんです。自分自身が「自分」を粗末にしてしまった。自己不信ですね。

これが最大の問題です。どうやって「自己信頼」を取り戻すか――この事件が私たちに示した課題だと思っているんです。

## 「自己信頼」を回復させた「心のキャッチボール」

　どうやったら「自己信頼」を回復させることが出来るのであろうか。私は全国の教育現場で、どうやったら子供たちが「自己信頼」を回復しているかを見て回ってきた。

　登校拒否児の場合を例にすると、以前私は二十人の登校拒否児を見たことがあったんです。そして一年かかって学校に行くことができた子供が一人いたんです。私は先生や親にもしっかりとその子の事について話し合いを重ねて、意識も合わせておいた。ところが、学校に戻ってきたその子に、ある一人の先生が「頑張れよ」と言った。

　その子はどうなったかというと、その言葉を聞いて再び家に閉じこもったんです。その先生は心から励ましたつもりなんですけれども、家に閉じこもってしまった。また何年かぶりに登校してきた生徒がいて、先生は思わず「よぉ、久しぶり」と言ったんです。ところが、「久しぶり」という言葉ほど冷たい言葉に聞こえるものはなかったんです。

　つまり、親や教師がどんなに善意をもって「頑張れよ」「よぉ、久しぶり」と言っても、「心のキャッチボール」ができていないとだめなんですね。「頑張れよ」「よぉ、久しぶり」という言葉は、上から投げかけている言葉なんです。子供が立ち直るためには降りていって、そして下から上にあげてやらないといけない。こういうことが今、教師にも親にも求められている。

共に悲しみ、共に喜び、共に涙を流す事のできる教師や親が求められている。弱いものいじめをしていた子供がいた。そのお母さんはずっと一週間泣き続けたんですね。お母さんがなんで泣いているのか、その子はわからなかった。お母さんは「情けない、こんな弱いものいじめをするような息子を育てた覚えはない」とはらはら泣き続けました。

その母親の心を息子は一週間目になって初めて理解して、それから二度といじめをしなくなった。いじめは絶対に許さないというお説教よりも、心というものが伝わることによって子供の魂は揺さぶられるんですね。

今、登校拒否の多くの子供たちが元気がないのは無力感と孤独感があるからです。無力感というのは「自分はどうせつまらない人間だ」「僕はどうせだめだ」、そういう心の中で諦めていることです。そういう子供は人間のぬくもり、命のつながり、親や教師との「心のキャッチボール」によって立ち直ってゆくんです。

## 自己限定を破り、「本当の自分」の確立を

何も登校拒否児だけが元気がないわけではない。大学や大人社会でも元気がない。例えば私の大学の教育学部には、みんな先生になりたいと言って入ってくる。でも、なりたいけれどもなれないと思っている学生が八割から九割を占めている。

最初から諦めているわけですよ。「できない、できない」と自己限定している。どうすれば「自己信頼」できるのかといえば、「本当の自分」に出会うことですね。神戸事件の少年でも二つの「自分」を意識していた、しかし、結局は「猫を殺すことに喜んでいる魔物の自分」に操られてしまった。少年は供述の中でも「自分は感情をコントロールできないところがある」と言っていますね。そうすると、「本当の自分」が「魔物の自分」をコントロールできなければならないんです。

どうすれば元気が出るかは、はっきりしている。無力感、自分は駄目だと思っている殻を打ち破って「本当の自分」とつながる。つながりは他とのつながりだけではないんです。

私は二十歳までに「本当の自分」が知りたいと思って、一所懸命自分が感動する文章をテープに入れて聞いていた。朝三時にタイムセットをしておいて、自分の感動し

た言葉が聞こえるようにしておいた。元気の出る言葉を自分に徹底して吹き込んでいった。六か月くらいたった日に、じーっと私自身をあたたかい目で見つめている「本当の自分」を実感したんです。

今まで自分を冷たく見ていたけれども、そんなに冷たい人間じゃないんだと気づいた。人生においても失敗があり、挫折がありました。その時々に自分をあたたかい目で見るということが、元気の源となってきた。また、私は歴史によって元気を得てきた。例えば司馬遼太郎さんは「歴史の中に友達がいる」と言ってますね。私は高校時代、一番元気がないときに坂本龍馬という人が元気の源となった。『竜馬がゆく』という本に出会ったんです。

また、今も私を支えている偉人が佐藤一斎という人物です。佐藤一斎は、「暗夜を憂うること勿れ。只だ一燈を頼め」という言葉を遺しています。暗夜は暗い世の中ですね。みんなが諦めムードでいる。日本はどうなるのか、もう教育状況は立ち直らせることはできないと。でも佐藤一斎は「世の中が暗いことを憂うるな、ただ一灯を頼め」と言うのです。「自己信頼」の燈をともして、その一燈を頼めと。

講演に行くと、「もう家庭が崩壊しているから学校で何やっても無理ですよ」という先生が多くいる。もっと先生が本気になって立ち向かってくれれば子供たちももっと救われるのに、冷たく突き放してしまっている。実は子供と同じように自分の国や歴史も冷たく突き放しているんですね。

## 自己信頼は自分を支えているものへの信頼

国や歴史や祖先、親、友、それは全て自分の存在を支えている。この存在というものをあたたかい目で見る「自己信頼」というのは単なる自分個人のことだけではありません。

自分を生んでくれた先人に対する、祖先に対する、あるいは国に対する信頼を回復する。国に対する信頼を回復するということは、とても大切なことなんです。つまり自分を支えている存在への信頼を回復する。今、私たちは歴史に対しても、自分の国に対しても冷たく突き放しているところがある。自分の回りの世界への冷たい突き放しがあるから、元気がない。「どうせこの国はだめだ」「どうせ親はだめだ」という諦めがあるんですね。

私は高校までに、特に先生から日本がひどい国であるということを教わり続けていたので、日本の歴史を非常に冷たく見ていた。戦後ＧＨＱが占領教育をやって、それを境に日本の歴史教育が、冷たく突き放す歴史に変わっていったのを私は知ったんです。その原因を本当に知りたいと思った。

先生から教わらなかった本当の日本の歴史があるんじゃないかと思い、それを求めて私は三十歳の時に渡米して、ＧＨＱの占領文書を読んだ。日本への占領に関する二四〇万ページの英文を調べました。二年半、筆写をして、自国の歴史に対する信頼を回復することができた。

湾岸戦争が起きたときに「クウェートのように日本が侵略されたらどうするか」と学生に聞いたことがあります。ほとんど皆「逃げる」と答えた。その理由を聞くと「先生、日本は愛するに足らない国だよ、こんなにひどいことしたじゃないか」と言うんです。

私は言いました。「じゃ君が親を愛する時に、人と比べてみて愛するにたる親だから親を愛するの」と。自分の親は人の親と比べて、立派だから愛するという人はいませんね。自分を生んでくれた親だから愛すると思うんです。

## 私たちが目指す二十一世紀の社会とは

ここに「ひいおじいちゃんは宝」という詩があります。これは長野県の小学四年生が書いたものです。私はこういう心で自分を、祖先を、国の歴史を見つめ直してみたいと思っているんです。

**【ひいおじいちゃんは宝】**


僕の家のひいおじいちゃんはもう九十一歳です。じぶんではなにもできないひいおじいちゃん。

たまには外へ出たいだろうな、散歩もしたいだろうな、僕の家ではみんなひいおじいちゃんを大切にしています。

どうしてかというと、もしひいおじいちゃんが生まれていなかったら、お父さんも僕も生まれてこないことになります。

今は、何もできないひいおじいちゃんだけど若い時には家族のために働いていました。

それをみんな知っているから大事にしているんです。

ひいおじいちゃんは僕の家の宝です。もっともっと長生きをしてほしいです。

僕もうんと大事にしたいと思っています。

ひいおじいちゃんは寝たきり老人だから役には立たない人です。お金で損か得かと言われれば、長生きするほどお金がかかって損をしますね。でも長野県ではひいおじいちゃんのことを一番偉い人ということで「ひいさま」という方言がある。役に立つか役に立たないかという損得ではない、存在としてのつながりですね。それはお世話をしながらあるいは助けることによって、助けられている。自分という存在が「ひいさま」に与えられている。そういう関係を経験したわけです。

全てのものからあたたかく支えられる社会、これが私たちが目指していく二十一世紀の成熟社会であり、それを支えるのは、自分をあたたかく見るという「自己信頼」の心だと思います。

## 平和教育のパラダイム転換と「対話」の意義

平成十六年（二〇〇四）に北海道で開催された第五十二回日本ＰＴＡ全国研究大会の人権教育分科会で、「感性を育てる人権基礎教育——人権教育のパラダイム転換」と題する基調講演を行い、その後、文部省の担当課長補佐、全国同和教育研究協議会委員長、北海道ウタリ協会理事とパネルディスカッションを行う機会があった。

同和教育とは、被差別部落の人々に対する差別や偏見をなくし、人権を確立することを目的とした教育のことである。分科会参加者は、私と全国同和教育研究協議会委員長の高松秀憲氏とが激しく対立するのではないかと固唾をのんで議論を見守っていたが、同委員長が次のように発言されたので、衝撃が走った。

〈高橋先生の話を聞きながら、人権基礎教育でおっしゃっている事柄は今まで大事にしてきたんだけれども、私たちの積み上げてきた同和教育の成果と教訓とも上手く結び合うと、

一層人権教育というのは発展するのかなと思っています〉

従来の人権教育は「知識・理解」の段階にとどまり、自己の意欲・態度や行動に結びつかなかった。いじめ自殺事件が起きた大津市立中学校の道徳教育にも同様の問題点があった。

この問題点を乗り越えるためには、幼少期から生命に対する畏敬の念や人の人たる道に気付かせる道徳的「感性」を培い、自己肯定感や自立心などの「非認知能力」を育てる「人権基礎教育」が必要不可欠であり、これが人権感覚・人権意識を形成する基礎になる。

このような「人権」をめぐる不毛なイデオロギー対立を乗り越える「人権基礎教育」という新たな地平を切り拓くパラダイム転換によって、建設的な「対話」が行われたことは画期的な出来事であった。

平成十七年（二〇〇五）のユネスコ創立六十周年記念国際シンポジウム「文化の多様性と通底の価値」の討論及び最終公式声明において、「和して同ぜず」の和の精神は「異なるものの調和」を意味し、「対話とは、思考のプロセスを再考し、確信されてきたものを再吟味し、新たなものを発見しつつ前進する手段であり、対話とは対決であり、試練であり、変容」であり、「通底する価値に身を投じるための手段」であり、「対話のための理想的な場としての『道』」の文化の意義が確認された。

同シンポジウムをリードした服部英二氏（元日本ユネスコ協会連盟事務局長、ユネスコ事務局長顧問。仏政府より「学術・教育功労賞」を授与）は、次のように述べている。

〈二〇〇一年のユネスコ総会が満場一致で採択した「文化の多様性に関する世界宣言」の重要さは、異文化理解や寛容の対象とされてきた他文化の存在が自己自身の存在の必要不可欠の要因なのだ、と明示したところにある。自己は多数の非自己によって生かされている、との深い認識がここにはある〉

（服部英二『文化の多様性と通底の価値』麗澤大学出版会）

『もうひとつの「平和教育」——反戦平和教育から平和共生教育へ』

「通底する価値」とは一体何か。文化や価値観の多様性を認める「寛容さ」にとどまらず、「対話」を通して共有可能な新たな価値を探求し、違いを活かし合い、補い合い、高め合うという考え方が含まれている。「普遍的（universal）」という言葉には、「一つにする」という意味があるので、

「普遍的価値」ではなく、「通底する価値」という表現にしたのは、道徳教育を進める上でも極めて示唆的である。

日教組教育文化政策局編『もう一つの「平和教育」――反戦平和教育から平和共生教育へ』（労働教育センター）の表紙には大きなひまわりの写真が掲載され、次のように書かれていたので驚いた。

〈髙橋史朗氏は、「これまでの平和教育は『戦争のない状態』という消極的な平和の概念に閉じ込められていたが、これからの平和教育は積極的な平和の新しいパラダイムに立脚して行わなければならない」と指摘しています。……それは自己を変え、社会を変えてゆく楽しい実践の道であるはずです。同時に、それは日教組がもともと歩もうとしてきた道なのです〉

明星大学通信教育部の大学院で指導した沖縄出身の学生から「平和を脅かす問題に積極的に立ち向かう主体形成を要請するようになってきた」と書かれた沖縄県教育委員会の『平和教育指導の手引』のコピーを手渡された。

それが契機となって、沖縄県の平和教育研究指定校の全てを訪問した。さらに、学校・

家庭、地域社会に暴力が蔓延したハワイのワイアナエの公立学校で始まった八レッスンで構成された「セルフ・エスティーム（自己尊重）からの平和教育」の現地調査を行った。

沖縄とハワイにおける平和教育の「楽しい実践」と研究成果を、雑誌『社会科教育』（明治図書）等に寄稿し、発表したところ、それらの平和教育は「日教組がもともと歩もうとしてきた道」と評価されたのだから驚きである。ちなみに、沖縄とハワイにおける研究成果をはじめ、平和教育のあり方については、拙著『平和教育のパラダイム転換』（明治図書）にまとめている。

「主体変容（自分が変わる）」の「感性を育てる人権基礎教育」は、今まで大事に積み上げてきた同和教育の成果と教訓とも上手く結び合うという高松委員長の指摘と、自己を変え、社会を変えていく楽しい実践が「日教組がもともと歩もうとしてきた道」であるという指摘の〝共通性〟に注目する必要があろう。そこに「異なるものの調和」という、通底する世界に身を投じる対話と恩師から託された「領導」のヒントが明示されているのではないか。

# 第六章　師範塾と親学の提唱――主体変容の教育改革

## 師範塾と親学推進協会の設立

平成十七年一月、「ＰＨＰ教育政策研究会」（高橋史朗主査）を立ち上げた。十か月に及ぶ議論を踏まえて、教育提言「活力ある教育の再生を目指して　学校・教師・親・教育委員会を元気にする提言」を発表した。

提言の要点は以下の通りである。

①学校を元気にするために

提言（1）校長等管理職の実質的な裁量権の拡充とその権限を実際に行使できる環境づくりを進める。

提言（2）校長の学校経営を支援する「学校経営コンサルタント」の養成、導入を推進する。

提言（3）業務コンサルタントを導入し、校務分掌等教師が担う業務を根本から見直す。

提言（4）「学校支援基金」を設置するとともに、学校が提携や寄付を受け付けやすい仕組みづくり、制度の整備を図る。

### ②教師を元気にするために

提言（5）教員養成課程のカリキュラムを抜本的かつ早急に改革する。

提言（6）優れた教育力、実践力、人間力を有した人材を得るため、柔軟かつ多様な教員採用の方法を確立する。

提言（7）「授業研究」など自主的な研修の研修単位化や民間の研修を幅広く導入する等、教員研修を多様かつ実践的なものにする。

提言（8）教師の意欲と教育力向上のため、教師の教育力を評価するＮＰＯ法人等第三者機関を設立する。

提言（9）教師の能力発揮の機会を拡充するため、教師の移籍が全国的に柔軟に行える制度を整備する。

提言（10）部活動等体験活動の充実を図るため、教師の処遇の改善と支援組織を設ける。

提言（11）教師の持つ高い専門性と使命感を政策に反映させ、教育環境の改善を図るため、教師による新たな職能団体を発足、育成する。

## ③親を元気にするために

提言（12）学校を、地域の親や子供が集い、親としての育ちを図る「親学の拠点」として活用できるよう施設、制度の整備を進める。

提言（13）親への情報提供や指導、親と学校・教師の協力関係構築の支援を行う「親学アドバイザー」を育成し、各学校に配置する。

## ④教育委員会を元気にするために

提言（14）教育委員の選任において公募制や公選制の導入を図るとともに、教育委員がリーダーシップを発揮できるように教育委員会の運営の仕方を改める。

提言（15）地域の教育行政の要として自立的な行動が行える新しい時代にふさわしい教育委員会事務局を再構築する。

詳細は、平成十八年に出版した『親と教師が日本を変える――一人ひとりの教育再興』（P

HP研究所）をぜひ参照してほしい。

同提言の「教育改革についての基本認識」の中で、「親と教師の『主体変容』」すなわち「大人が変われば子供は変わる」と明記し、この提言を実現するために「師範塾」と「親学推進協会」を設立したのである。

PHP教育政策研究会のメンバーには、文科省・国立教育政策研究所・教育改革国民会議事務局・内閣府「人間力戦略研究会」委員や、後に埼玉県教育委員長に就任した不登校指導の専門家などが含まれていた。

## 「研究」はあるが「修養」がない教員「研修」

教育基本法第九条には、「教員は、自己の崇高な使命を深く自覚し、絶えず研究と修養に励み」と明記されている。しかし、実際の教員研修には「研究」は含まれているが、「修養」は欠落している。そのことから、労働組合ではない教員研修の場が必要だと考えるようになった。

東京・埼玉・大阪・福岡の四会場で師範塾を立ち上げ、十年以上にわたって「修養」、すなわち教員の「人間力」を高めることに力点を置いた研修に取り組んだ。

埼玉師範塾の開塾式の様子（於／秩父の守破離亭）

初代理事長の木村貴志先生、二代目塾長の川口雅昭先生、三代目塾長の占部賢志先生をはじめ、野口吉昭氏、小田全宏氏ら、多くの皆様の熱意とご支援のおかげで、日本の教育界に「師範力」を育てるという教員養成・研修の一つのモデルを提示できた。

師範塾の基本理念は、前述した主体変容と、吉田松陰の「師道」である。師道について、吉田松陰は『講《こう》孟劄記《もうさっき》』において次のように記している。

〈而して近時に至り師道益々廃す。余因って其の源を洞察し、亦一説を得たり。大抵師を取ること易く、師を撰ぶこと審《つまびら》かならず。故に師道軽し。故に師道を興さんとならば妄《みだ》りに人の師となるべからず。又妄りに人を師とすべからず。必ず真に教ふべきことありて師となり、真に学ぶべきことありて師とすべし〉

## 大阪師範塾二期生・原田隆史先生の感想

大阪師範塾の二期生として入塾してきたのが、カリスマ体育教師の原田隆史先生であった。原田先生は師範塾で学んだことについて、次のように記している。

【スーパーティーチャー・プロ教師への道（大阪師範塾二期生・原田隆史）】

〈私は大阪市内の三つの公立中学校で教員として、保健体育授業・陸上競技指導・生活指導で日本一を目指し二十年間戦ってきました。私が最後に勤務した中学校校区は、不況の影響を強く受けており、校庭の裏にはホームレスの方々のシートが三十帳。日々の生活がままならぬ人々の中で生徒はたくましく生き抜いていました。

「同志を励まし教育を何とかする。この生徒たちを育てに育てる」と強く決心しました。結論は「スーパーティーチャー・プロ教師」になることでした。今までよりハイスピードで成果を出し、他に強烈な影響を与える自分にならなければならない。それが答えでした。

あらゆる研修を受けました。そんな時、師範塾の存在を知り講師陣の素晴らしさに驚きました。多くの同志が日本におられることに勇気と希望が湧きました。特に、次の学びを得ました。

①今までの指導を見直し、体系化しました。具体的には三点に集約し指導しています。

（1）成果の出る指導技術を開発し、個々の分野で徹底する（例えば、いじめの根絶方法、体育授業での組織作りの方法）

（2）態度教育の徹底（無気力・無関心でやる気が乏しく、いわゆる態度の悪い生徒への生き方指導としつけ指導）

（3）価値観の向上指導（教師自身がまず自分に気づき自己を向上させる。その上でミーティング・授業・学級活動などを通じて生徒のやる気を高め、元気で活力のある生徒に育てる）

②しつけ教育。立腰精神の実践として「ハイの返事・椅子を入れる・靴を揃える・人より早く挨拶をする・話を聞く時、学ぶ時の基本姿勢＝立腰」

③経営という切り口での新しい教育についての考え方

④戦後教育の成り立ちと、これからの方向性

⑤不登校指導の鉄則

⑥法律を身近なものとして捉え、裁判に対しても戦っていける自分作り

⑦現場での「語り」の重要性〉

師範塾を卒塾後、原田先生は独自の「教師塾」を立ち上げ、アスリートを育てる指導者養成に力を入れた。原田先生が生み出した九×九＝八十一マスの目標達成シートを用いた教育から誕生したのが、大谷翔平選手である。

大谷選手が書き込んだ十六枚目の目標達成シートには、細分化した目標が書かれている。中心には「八球団からのドラフト一位」と書かれ、「人間性」の項目として、「感性」「感謝」「礼儀」、「メンタル」の項目として「目標を持つ」「ピンチに強い」「思いやり」、「運」の項目として「ゴミ拾い」「挨拶」「プラス思考」などが記されている。「支援者」と「支援内容」が詳細に書き込まれ、「チームで支えられている」ことに深く感謝している点が特に注目される。

## 親としての教育の必要性

親学誕生について、契機はもう一つある。親学は私が初めて提唱したものではなく、平成十三年（二〇〇一）の五大学学長会議でイギリスのオックスフォード大学のジェフェリー・トーマス学長が、「学校でも大学でも教えていないのは、親になる方法だ。……親としての教育にもっと関心を向け、向上させることには、大きなメリットがあるのではないか」と発言したことがはじまりであり、それを読売新聞が大々的に報じたのだ。

同年、日本で「親学会」が発足し、平成十六年に親学会編・高橋史朗監修『親学のすすめ――胎児・乳児期の心の教育』（モラロジー研究所）を出版する運びとなった。同年の中央教育審議会の審議経過報告にも次のように明記された。

〈家庭の教育力の向上を図るためには、学校や地域において、できるだけ早い段階から、親になるための学習の充実を図るとともに、親になった後も……親が親として育ち、力をつけるような学習を大幅に充実するための方策を検討することが必要である〉

平成十七年、前述したPHP教育政策研究会の提言を実現すべく、「PHP親学研究会（高橋史朗主査）」が発足した。一年間の議論を集約して『親学の教科書』（PHP研究所）を出版し、この親学理論を実践するため、平成十八年十二月に親学推進協会を設立するに至ったのである。

親学に関する提言は、次のように指摘している。

〈今日の親が親としての学びを十分に得ていないのも、これまでの教育あるいは社会に一因があるからである。そこで、……子供の発達段階に応じた関わり方を脳科学の最新の研究成果に学びつつ、親としての育ちを図っていくための『親学の拠点』として、施設、制度の整備を進める。あわせて、地域と学校の良好な関係づくりの場として積極的に活用する〉

親としての育ち――すなわち「親育ち」支援の視点に立って、学校を「親学の拠点」として活用できるよう施設、制度の整備を進めるという構想は、親学推進協会並びに、親学推進議員連盟に受け継がれた。

さらに、親学推進協会が日本財団の助成を得て約一三〇〇名育成した「親学アドバイザー」の原点は、以下のような提言にあった。

〈子供の健全な育成、学校教育充実のためには、学校・教師と親の相互理解、協力が不可欠である。また、家庭の教育力が弱まっている昨今の状況から、学校には家庭教育の支援を行うことも求められつつある。

そこで、各学校に教師とは別に親としての育ちを支援する『親学アドバイザー』を配置する。

『親学アドバイザー』は、教育の第一の担い手・責任者である親に対して、各家庭での躾・教育問題、睡眠や食事などの生活習慣等に関する情報提供、指導、あるいは親自身の育成を目的とした研修会の開催を独自に行うとともに、学校に対しては授業参観、保護者懇談会、定期的家庭訪問等の運営支援を行い、親と学校・教師間の課題の共有化と良好な関係づくりを担う。

なお『親学アドバイザー』には、子育て、教育に関する見識に加え、カウンセラーの素養を備えた適切な人材を育成、登用する〉

## カリスマギャルママと豪田トモ監督との出会い

令和二年、不思議な縁で元カリスマギャルママモデルの日菜あこさん、および若手の映画監督の豪田トモさんと十月十日に「パパ&ママ応援！　子育てトークショー」を開催することになった。主催は埼玉中央青年会議所で、当時、私が会長を務めていた一般財団法人親学推進協会に一千人規模の親学講演会の開催依頼があったことが発端であった。

企画会議を何度も行い、お二人とのトークショーを提案した。この二人を推薦したのには訳があった。虐待死が相次ぐ中で、子育ての困難さに真正面から向き合い格闘している姿に感銘したからである。

「ギャルママ協会」の日菜さんはか二人と親学パネルディスカッションを行った際、「ギャルママ」たち（ギャルママ協会はピーク時約四万人の組織であった）の本音をじっくり聴いて、親支援の在り方の根本的見直しを迫られた。

多くのギャルママが離婚と「虐待の連鎖」を経験する中で、孤立した子育ての困難さに直面している現実を涙ながらに語る姿に触れ、親を責めてはいけないことに気付かされた。子供の成長、発達には母性の優しさと父性の厳しさの関わりが必要だと説いても、自分自身が親から虐待され、愛情を受けたことがないので、子供がかわいいと思えず、気付いたら自分も子供を虐待している現実をどうしたらよいかわからない、と泣き崩れるのであった。

その痛々しい姿を見て、「育児」の前に、自らが背負った精神的トラウマにしっかりと向き合い、まず自らの心のコップを上に向ける「育自（自らを育てること）」が大切であることに気付かされた。以来、「虐待の連鎖」から如何に脱却するかについて考えてきたが、「育自」に基づく「育児」への転換、「虐待の連鎖」から「感謝と褒め育ての連鎖」への転換、「孤育て」から「共育」への転換が必要という結論に辿り着いた。

豪田トモ監督との出会いは、十五年前に全国で上映され、九十万人を動員したドキュメンタリー映画『うまれる』（平成二十二年製作）と、その十年後に製作されたドキュメンタリー映画『ママをやめてもいいですか!?』（令和二年製作）並びに池川明氏との共著『えらんでうまれてきたよ――胎内記憶が教えてくれること』（二見書房）を読んだことにあった。

同書は映画『うまれる』の製作過程で集まった親子の絆と命の神秘に満ちた、母親のお腹の中にいた時の胎内記憶の証言集である。もう一つの映画『ママをやめてもいいですか!?』は、母親四〇〇人へのアンケートで、「ママをやめてもいいですか」と思ったことがあると答えた人が七十七％に及んだという結果が基になっている。

母子の絆と命の神秘への感動的な内容から、子育ての困難さをクローズアップする内容へと、十年間で大きく変化した背景には、一体何があったのか。母子関係の光と影の相反する両局面を浮き彫りにした豪田監督の胸に去来するものは何かを知りたいと思った。

## 胎内記憶と誕生記憶に関する調査結果

長野県諏訪市の十七保育園、一六二〇人の聞き取り調査によって、三十三％の五〇〇人以上に「胎内記憶」、二十一％の子供に「誕生記憶」があったことが判明しており、池川明クリニックのアンケート調査でも、胎内記憶がある子供は五十三％、誕生記憶がある子供は四十一％に及んでいる。

また、富士通ソーシアルサイエンスラボラトリで人工知能の研究に従事後、株式会社「感性リサーチ」を設立した黒川伊保子氏は『母脳――母と子のための脳科学』（ポプラ社）において、わが子の「胎内記憶」について、次のように述べている。

〈息子が、二歳になる少し前のこと。彼は、胎内記憶を語ってくれた。……「ママは、あかちゃんがんばって、ってゆった」。

このセリフを言った時期が、私には明確にわかっていた。それは、彼が生まれる直前のこと。

……「ゆうちゃんは、ママのお腹の中にいたんだよね」

「うん」

「で？　その前、どこにいたの？」

「ママ、忘れちゃったの？」と彼は、いぶかしげな顔で……「ゆうちゃん、木の上に咲いてたじゃない。で、ママと目が合って～、それでもって、ここにきたんだよ」と言いながら。

まるで美しい詩のようだった。涙があふれて止まらなかった。

……生まれたての魂は、確信しているのである。この母のところに来たかったのだ、と。私を泣かせたのは、そのことだった。

子は、母を選んで生まれてくる。その事実。私は、このとき、固く決心したのだった。私は、何があっても、この子を守る。この子の最大の理解者であり、最大の支援者であり、最大の癒しになる、と。

それは、単に、私の子だからじゃない。私を選んでくれたからだ。文字通り、人生のすべてをゆだねて。これ以上、自分の存在を認めてくれる行為が、他にどこにあるだろう。ここにおいて、私の存在価値は永遠不滅になった。母になる、というのは、そういうことだ。ゆるがぬ何かを手に入れる〉

同書の「母の胎内で知ること」という次の一節も心に残った。

〈胎児の聴覚野は、ほぼ三十週目に完成するという。つまり、妊娠八カ月目の後半には、外部音声を感知して、記憶の領域にしまうことが可能になる。

……母親がことばを発する時、お腹の中にいる赤ちゃんは、母体の筋肉運動、息の音や声帯振動音の音響のど真ん中にいることになる。

……「ありがとう」の筋肉運動や音響振動が届くのである。このことが何度か繰り返されれば、赤ちゃんの脳に、「ありがとう」の発音体感と、胎内の気持ちよさの関係性が生まれるはずだ。やがて聴覚野が完成すれば、これに音声情報が加わる。

つまり、胎児は、「ありがとう」の真ん中にいて、「ありがとう」を口にする人の体内で起こる喜びを、その身体の一部として知るのである。

よちよち歩きの小さな子でも、何かを持ってきてくれたときなどに、「ありがとう」と声をかけると、花が咲いたように笑う。

「あー、あなたは、ありがとうの意味を知っているのね」と私は嬉しくなる〉

京都大学大学院の明和政子教授も『ヒトの発達の謎を解く』（ちくま新書）において、胎児（妊娠二十七週）の「予期的口開け」の写真を掲載し、次のように述べている。

〈胎児は、母親の声を聞いたときにのみ心拍数を高めました。妊娠二十三～三十三週の胎児は母親の声に対して他の音とは異なる反応をみせました。胎児は母親の声を聞いたときだけ、その声に応答するかのように口を開閉させる頻度を高めたのです〉

## 科学的知見に基づき、体罰の是非を根本的に見直せ

しかし、このような深い縁、絆によって運命的に結ばれた親子、とりわけ母と子が、一体なぜ虐待という悲劇に襲われるのだろうか。虐待の連鎖に注目する福井大学の友田明美教授によれば、七割弱の確率で虐待の世代間連鎖が広がっており、先天的な発達障害の特性からくる症状なのか、愛着障害等の後天的な症状なのかを見極めて、発達障害と愛着障害の相違点を区別することが重要であるという。

友田教授は「児童虐待」という表現を極力使わず、「不適切な関わり（マルトリートメント）」という用語を用いており、「不適切な関わり」の種類によって、ダメージを受ける脳の部位が異なるという。例えば、体罰によって、情動の処理を行う「扁桃体」等の感情や思考、行動に関わる「人間性知能」と言われる「前頭前野」が萎縮し、本能的な欲求や衝動が抑制されにくくなることが判明している。

また、性的「不適切な関わり」や親同士の争い（DVの目撃は心理的虐待）の目撃によって、苦痛を伴う記憶を繰り返し呼び起こさないよう、「視覚野」の容積が減少することも分かっている。さらに、激しく怒鳴る、威嚇する、なじるなどの暴言によって「聴覚野」が肥大

し、特に母親からの暴言のほうが、脳への悪影響が大きいことも明らかになっている。

「不適切な関わり」の強いストレスにさらされると、強い情動とつながる記憶と関係が深い「海馬」が損傷を受け、特に三歳から五歳の幼児期に激しい精神的ストレスを受けると海馬が委縮し、学習能力や記憶力の低下要因になるという。

平成二十九年、セーブ・ザ・チルドレン・ジャパンが発表した「子どもに対するしつけのための体罰等の意識・実態調査結果報告書」によれば、「しつけのための体罰容認」が六割、「おしりをたたく」「手の甲をたたく」等の軽い体罰は七割が容認していることが明らかになった。令和二年の調査では体罰を容認する大人が四割に減少している。

しかし、十六万人の子供の調査研究によって、軽い体罰でも次のような「有害な結果」を招く恐れがあることが判明し、東京医科歯科大学とハーバード大学の共同研究でも同様の結果が得られたという。

・規範や規則を守る心が育ちにくい
・攻撃的になりやすい
・集団での行動がしづらい（反社会的行動）
・対外的／内面的な問題行動のリスクが高まる

・心の健康が脅かされる
・親子間の愛着形成が損なわれる
・認知能力が低下する
・自己肯定感が育ちにくい
・親からの更なる暴力を誘発しやすい
・成人後の反社会的行動／精神疾患
・成人後、自らも体罰を容認するようになる

日本の子供二万九〇〇〇人の調査によれば、三歳半の頃に親から「おしりをたたく」等の軽い体罰を受けていた子供は、五歳半になると「落ち着いて話を聞けない」「約束を守れない」等の問題行動のリスクが、全く体罰を受けていない子供と比べ、一・五倍ほど高まり、親からの体罰の頻度が高いほど、問題行動のリスクが高くなっている。

こうした追跡調査による研究の結果には謙虚に耳を傾ける必要があろう。体罰の是非について、従来の固定観念やイデオロギーから脱却し、科学的知見から根本的に見直す必要がある。

## 「虐待の連鎖」から「感謝と褒め育ての連鎖」への転換

虐待の連鎖を克服するには、次の三つの転換を図ることが重要である。

・「孤育て」から「共育」へ
・「虐待の連鎖」から「感謝と褒め育ての連鎖」へ
・「育自」から「育児」へ

親自身がまず心のコップを上に向け、感謝の心で肯定的な言葉がけに徹することである。京都大学の明和政子教授によれば、「親性」も子供と「共に育つ」ことが、脳科学研究によって明らかになっている。

私が、埼玉県の上田知事（当時）に提言して実現した埼玉県発達障害者支援プロジェクトというものがある。そのプロジェクトでは、一歳半健診時に「楽しい子育てのヒント集・子どもをほめよう」を配布し、子供の行動に注目して、できて当たり前と思っていることでも褒めること、感謝の気持ちを伝えるなど「気持ちが伝わる」褒め方を心掛けること、やり始めた時、やっている最中、終わった時など、段階ごとに褒める回数を増やすこと、子供の年齢や性格、その時の様子などをよく見て、子供が喜ぶ褒め方を増やすこと、などの「褒め方のコツ」の啓発に努めた。

アメリカを中心に一九六〇年代頃から急速に発展した「ペアレント・トレーニング」（ヒトを褒めるスキルを体系的に伸ばしていく子育てプログラム）を埼玉県も取り入れた。

当初は自閉スペクトラム症やADHDなど、発達障害を抱える子供を持つ親に向けたトレーニング法として導入されたが、今日では広範囲で活用されるようになった。

ペアレント・トレーニングは「親の働きかけ次第で、子供の成長は劇的に変わっていく」という認識に基づくトレーニング法で、「わが子はあれもこれもできない」と否定的に見るのではなく、「今はここまでできている」と、子供の行動をじっくり観察し、肯定的な言葉がけや態度など、子供への「関わり方」を変えていくと、親と子供の脳が変わり、行動が変わることが脳科学的に検証された。

## 親になるための脳神経回路の発達

最近の脳科学研究によって、女性は母になると脳に劇的な変化が生じ、子育てに必要な能力が高まっていくことが明らかになった。妊娠期から産後にかけて、劇的なホルモンの変動が起き、その影響を受けて、妊娠・出産・養育という経験に十分適応できるように、脳の機能や構造が再構成されていくことが判明している。

大阪医科大学の佐々木綾子教授らの実験によると、未婚の男女でもこの「養育脳」を育むことは可能であり、乳幼児とスキンシップをするなどの体験を定期的に繰り返すと、乳幼児の泣き声に対する敏感性が高まり、「親になるための脳神経回路が発達」するという。全国に広がっている「親になるための学び」の必要性が、脳科学研究によって明確に裏付けられたのだ。

渡辺京二著『逝きし世の面影』で述べられている江戸時代の日本の子供たちが、世界で最も幸福で笑顔にあふれていたのは、親以外の兄弟や地域社会の大人たちとの「共同養育」のおかげである。

「共同養育」によって多くの人たちと関わりながら育つことは、子供の脳の発達・成長にも良い影響を及ぼし、他者への共感性や社会性も発達することが、脳科学研究によって検証されている。

逆に虐待などの精神的トラウマによって、自己制御能力や他者への共感能力と深く関わる「眼窩前頭皮質」が委縮することも分かっている。

## 親学提唱の根拠

平成十八年に、教育基本法は改正された。第十条は、「家庭教育」という項目で、以下のような条文である。

**第十条**

父母その他の保護者は、子の教育について第一義的責任を有するものであって、生活のために必要な習慣を身に付けさせるとともに、自立心を育成し、心身の調和のとれた発達を図るよう努めるものとする。

二　国及び地方公共団体は、家庭教育の自主性を尊重しつつ、保護者に対する学習の機会及び情報の提供その他の家庭教育を支援するために必要な施策を講ずるよう努めなければならない。

教育基本法の第十条は、第一項に、教育の第一義的責任は保護者にあると明記したうえで、第二項に「国及び地方公共団体は、家庭教育の自主性を尊重しつつ、保護者に対する学習の機会及び情報の提供その他の家庭教育を支援するために必要な施策を講ずるよう努めなければならない」と記されている。

平成二十四年、このことを具体化するために結成されたのが、親学推進議員連盟である。「保護者に対する学習の機会及び情報の提供」には、誰もが納得する客観性のある科学的知見や情報が大事であるから、親学ではその点を重視している。

併せて、親学の一環として提唱し、全国的に取り組んだのが「親守詩《おやもりうた》」だ。

## 親子の情を深める親守詩

字の如く、親守詩とは子守唄の逆である。生まれてきた子に慈しみを込めて子守唄を唄うように、親に報恩感謝の気持ちを込めてつくるのが親守詩だ。

親守詩には、①子が詠んだ上の句に親が下の句を詠んで和する和歌形式、②俳句形式、③エッセイなどが含まれている。

親守詩を歌おうと思ったきっかけは二つある。一つは私自身の体験である。私は幼い頃、母がいつも口ずさんでいた子守唄を聴きながら育った。その母が年老いて病み生死の淵を彷徨《さまよ》う臨終の場面に立ち会った。

我が子の存在を認知できなくなった母に何を語りかければよいのか。ただ一言、「産んでくれて有難う。育ててくれて有難う」の感謝の言葉しかなかった。定型詩や連歌、エッセイなど多様な表現形式によって親子の情を深めたいという思いから「親守詩」は生まれた。

もう一つは、松山青年会議所のメンバーと親学について話していた時のことだ。「大人になった親を再び教育するのは難しい。けれど、子供が変われば親も変わる」というメンバーの一言にハッとした。なるほど、親学は「親が変われば子供が変わる」がコンセプトだったが、その逆も真なりという発見だった。そこから、子供が親を思って歌う親守詩が着想された。

全国各地で素晴らしい歌が生まれているので、一部を紹介したい。

【俳句形式】

大好きな　母さんおぶるの　ぼくのゆめ
お父さん　いそがしすぎて　ぼくさびしい
母さんの　優しさこもる　お説教
病床の　母に聴かせる　子守唄

【短歌形式】

（子）今週も おつかれさんです お父さん （父）その一言で 元気百倍

（子）おかあさん おなかのなかは せまかった （母）まっていました ひろいせかいで

（子）けんかして 初めて分かる 親心 （母）君に届けと 母も必死よ

（子）お母さん 休むひまなく かわいそう （母）家族のためなら つらくはないよ

（子）おかあさん なんのおはなが すきですか （母）はははのひもらった ののはながすき

（子）遠くの地 一人がんばる 父恋し （父）長男坊よ 家族任せた

【エッセイ】

また、香川県高松市立紫雲中学校一年生（女子）は、次のようなエッセイをつくった。

「うっとうしい」をこえての「絆」

「女の子って、めんどくさい。」

そう思ったのは、中学校に入ってすぐだった。トイレに行くのにも、教室移動のときも、登下校もずっといっしょに居ないといけない。たまには一人で居たいときもあるのに。ある日私は、そんな思いをママにぶつけてみた。するとママは、お皿洗いをしていた手を

とめて、

「ここに『絆』って字をかいてごらん。」

と、ホワイトボードを指さし、言った。そして私が「絆」の字をかくとママはその横に『し』

とつけたした。

「『絆し（ほだし）』っていうのは、『うっとうしい』って意味なの。みんな『絆し（ほだし）』

をのりこえて『絆』をつくるんだよ。」

と言った。心がスッキリしたような気がする。ママありがとう。

だから私は、そんな関係を友達とつくりたい。ママと私のように。

## 親学の全国的広がり

全国各地で教育委員会後援の親守詩大会が開催され、内閣府・文部科学省・総務省後援の全国大会も六回盛大に開催された。全国大会の受賞作品は共催団体である毎日新聞社が毎年一面全体の紙面を割いて掲載した。全国の応募作品は十万作品を超え、埼玉県大会には上田知事が毎回出席された。

東京青年会議所が中心になって、東日本大震災で東京に移られた多くの方々に招待状を出し、お台場海浜公園で灯篭流しを行った。私もパネラーとなってシンポジウムを開催し、猪瀬直樹副知事（当時）も駆けつけてくださった。六本木アリーナで親守詩大会を開催し、テレビ朝日が気仙沼で同時開催されていた親守詩大会と中継で結び、六本木を歩いている親子に即興で親守詩をつくってもらったこともあった。

全国に広がった親守詩大会の口火を切ったのは、愛媛県の松山青年会議所だ。親に反抗して家を出たが、親の愛に目覚めて親を思う気持ちを作詞・作曲し、ギター片手に歌う若者たちが結集し、感動的な光景が松山市の真ん中で繰り広げられた。

かつて臨時教育審議会の岡本道雄会長が、哲学者の田中美知太郎氏にアドバイスを求めたとき、田中氏から「二十一世紀の教育の理念は親孝行だ。親孝行を教育理念の柱にしなさい」と言われたという。

親守詩は、まさに報恩感謝の親孝行の心を取り戻す試みである。後述する事情により、親学推進議員連盟および親守詩の大会は中断を余儀なくされてしまったが、令和五年、高知親学の大野香葉美平成学園園長が事務局を担い、第七回親守詩全国大会が復活した。親子の情を取り戻し、通わせ、深める催しを広げていきたい。

## なぜ親学推進議員連盟は解散せざるを得なかったのか

平成二十四年に結成した「親学推進議員連盟」は超党派による議員連盟であり、主な役員は以下の通りだ。

・会　　長　安倍晋三
・顧　　問　森喜朗、鳩山由紀夫、山口那津男、保利耕輔
　　　　　　渡部恒三、平沼赳夫、渡辺喜美、大島理森
・会長代行　高木義明
・幹　事　長　鈴木寛
・幹事長代理　笠浩史
・事務局長　下村博文

共産党と社民党を除く超党派の議員連盟で、とりわけ公明党は熱心な推進役で池坊保子議員が「世話人」に加わった。

親学推進議員連盟が目指したのは、次の五点である。

①政府に親学推進本部を設置して、必要な財政上の措置を講じ、教育基本法第十条を具体化するための家庭教育支援法の制定、家庭教育支援基本計画の策定
②地方自治体での家庭教育支援条例の制定
③脳科学等の科学的知見、科学的根拠に基づく子供の「発達の保障」
④発達障害の早期発見・予防
⑤親子の絆を深める子守唄と親守詩の推進

しかし、一年足らずで解散を余儀なくされた。最大の原因は、発達障害の認識に対する誤解である。

解散せざるを得なくなったきっかけは、大阪市での家庭教育支援条例案をめぐる騒動だ。大阪維新の会の市議団が参考にした「家庭教育支援条例案」に「乳幼児の愛着形成の不足が軽度発達障害またはそれに似た症状を誘発する要因」と書かれていたことが、マスコミによって「愛情不足が発達障害の原因」と大々的に報じられた。

この文言が一人歩きしたことが契機となり、多くの反発を招いた。その後、多額の助成

金をご支援くださった日本財団の笹川会長の仲介により、発達障害の親の会の代表とお会いする機会をいただいた。発達障害に対する親学の科学的知見について説明し、「親の愛情不足で発達障害になる」などとは全く考えていないことを十分に理解していただき、同席した同会の幹部全員の了解を得て固く握手して別れたのだが、その後に組織的な妨害工作が展開されたのである。

マスコミのとんでもない誤報に対して、私は親学推進協会理事長声明を出し、産経新聞などで反論したが、炎上した誤解は瞬く間に広がってしまった。教育界「出る杭ネットワーク」を提唱して、「出る杭は打たれる。出過ぎた杭は打たれない」と豪語してきた私が、「騒ぎの混乱の責任を取るべきだ」という周囲の忠告を受け入れ、生まれて初めて退いた。たとえ誤解に基づくものであっても「責任」は率先して果たすべきと決断した。そして、解散せざるをやむなきに至ったのである。

「愛着形成の不足」と「愛情不足」は明確に意味が異なり、私自身、愛情不足が発達障害の原因とは全く考えていない。これを混同したことが混乱の原因であり、発達障害をどう捉えるかについて、共通理解の欠如という根本問題がある。

## 埼玉から全国へ広がった発達障害支援・親支援

親学推進協会は解散を余儀なくされたが、発達障害の早期発見・予防・親支援に対する私の強い思いと信念は、埼玉県で見事な成果を上げ、全国に広がった。

私が障害児教育にこだわる理由は、大学卒業後に養護学校の先生の実践を一年間学び続けたことである。私にとって、障害児教育こそ「教育の道」を志した原点なのである。そのことから、高橋ゼミでは止揚学園という重度の障害者施設にてゼミ合宿を重ねてきた。

平成二十一年九月十日、埼玉県知事室で開催された第二回埼玉改革推進ミーティングにおいて、上田知事に発達障害の早期発見・予防を目指す「埼玉県発達障害支援プロジェクト」の立ち上げを提案した。発達障害児の改善に大きな成果を積み重ねてきた木島幼稚園視察の必要性を訴え、埼玉県福祉部の幹部三人が視察した。

その報告を踏まえて同プロジェクトチームがスタートした。福祉部を中心に、関係部局である「教育局」「総務部」「保健医療部」「病院局」の職員にも兼務・併任辞令を発令し、埼玉県庁を挙げて、

①人材育成

②親への支援
③診療療育体制の強化
④就労の支援施策
を推進した。

平成二十九年一月に「発達障害総合支援センター」を開設し、前述した支援策に新たに
⑤地域支援・相談支援
を加えた。

自民党障害児者問題調査会が埼玉県から同プロジェクトチームについてのヒアリングを行い、保護者対応として、家族が子供の障害の特性を肯定的に捉えられるように促す「ペアレント・プログラム」に関する事業化マニュアルを作成し、全国への普及を開始した。

同調査会報告書「発達障害者の支援の在り方に関する今後の方向性」（平成二十七年十二月十日）の（4）「保護者の対応」に、「保護者が発達障害について正しく理解した上で子供と接することが重要である。このため、発達障害者の保護者が、その子の情緒面に留意しつつ、子供の特性を肯定的に捉えられるようにするペアレント・プログラムに参加すること、保護者の気持ちの整理を助けるペアレント・メンターの相談を受けること等により、子供の特性に沿った支援を自ら行い、また、専門的な支援を受けやすくなるよう、必要な

仕組みづくりを各地で進めるべきである」と明記された。

翌年制定された「発達障害者支援法の一部を改正する法律」（平成二十八年五月二十五日）では、同調査会報告書が指摘した「保護者の対応」などについて明記され、第十三条「家族その他の関係者に対し、情報提供、家族が互いに支え合うための活動の支援など」が盛り込まれた。

これを受けて、総務省は「発達障害者支援に関する行政評価・監視の結果に基づく勧告」（平成二十九年一月二十日）において、「発達障害の早期発見」「適切な支援と情報の引継ぎ」についての一層の取組、発達障害に起因する二次障害や虐待の防止等に向けた早期支援についての法の見直しのための課題整理を行った。

同調査会提言「発達障害者支援施策の進展に向けて」（平成二十九年七月）に、「家族支援の推進」が明記された。それにより、子育て支援の中で、家族への支援（ペアレント・プログラムなど）や、家族同士の支え合い（ペアレント・メンターなど）に関する取り組みの強化、支援を行う職員・保育士の対応力の向上、巡回支援専門員、発達障害地域支援マネージャーの専門性の向上、子育て支援の現場と障害者支援の現場の連携に関する先進的な実践例（埼玉県等）が全国に普及されるに至った。

## 発達障害の二つの成因

発達障害は、多動・固執・注意欠陥・人格の未熟さ・自己中心性・破壊行為・社会不適応などが基本的な特徴であるが、成因は二つある。

①広汎性発達障害、その他の脳機能不全に基づくもの
②非常に不適切な養育や養育放棄により精神発達に取り戻せないほどの歪みや遅れが生じること

いずれも、表面的な特徴は似ているが、①は微細な器質的不具合が背後に予想される脳機能不全であり、先天的・遺伝的なもの。②は心因的環境因的に形成されるもので、後天的なものである。

親学において、私が問題提起してきたのは②の要因による発達障害であり、それについて「予防・改善できる」と伝えてきたのだ。

「親の愛情不足が発達障害の要因」と言われたら、反発するのは誰だって当然だろう。

先天的な器質障害は脳機能不全に基づく障害であり、親の愛情の注ぎ方に起因するものではない。

話を戻すと、さきの大阪維新の会市議団が参考にした「家庭教育支援条例案」における文言は、養育・教育環境に起因する後天的な意味での「発達障害」を意図していた。マスコミがリークしたのはまだ「案」の状態であるから、内容をはじめ細かな文言の修正等の余地もあっただろう。案の時点での文章がリークされたことと、「愛情不足が発達障害の要因」と大々的に誤報されたことから、専門家や保護者から「発達障害は脳機能不全。何も知らない素人が……」と誤解に基づく非難を受けてしまったのである。

## 愛着形成とは何か

ギャルママ協会に所属するお母さん達の多くが、自分自身が親から虐待され、愛情を受けたことがないので、子供がかわいいと思えず、気付いたら子供を虐待している現実をどうしたらよいかわからないと泣きながら語った。

親学とは、親と子が共にいきいきと育ち、心から喜びや幸せを味わえるように、子供の発達段階に応じた関わり方についての科学的知見や情報などを「親になるための学び」「親としての学び」として伝えるものなのである。キャリア教育が、社会人・職業人になるための準備教育であるように、親になるための準備教育が親学ということだ。

発達障害の適応を決める要因として愛着形成が大きく関与することは、実は多くの専門家が指摘している。愛着の形成に支障が生じた状況を「反応性愛着障害」と言う。乳幼児が不安や恐怖に陥った時の行動を「愛着行動」といい、次の三種類がある。

①じっと視線を注ぐ「定位行動」
②しきりに鳴き声を上げたり声をかけたりする「信号行動」
③後追いしたり、しがみつこうとする「接近行動」

これらの愛着行動は二〜三歳の第一反抗期で終わる。そして、これらの愛着行動に適切に対応することを「愛着形成」と言う。愛着形成が、子供の対人関係能力や社会的適応能力の育成のために重要であると、文科省の「情動の科学的解明と教育等への応用に関する検討会」（平成十七年）は結論づけている。

どんなに愛情があっても、この三つの愛着行動について理解し、それぞれに適切に対応する関わり方がわからなければ、愛情はうまく伝わらない（＝愛着形成の不足）。

最後に、繰り返しにはなるが、「発達段階に応じた子供とのかかわり方」についての科学的知見と情報を親に提供することによって親を支援することを、親学は目指してきたのである。

## 不運によって開かれたご縁

親学の活動が中止に追い込まれた平成二十四年十一月十日、私がパーソナリティを務める靖國神社崇敬奉賛会の公開シンポジウムが開催された。失意のどん底にある時、ゲストとしてお招きした京都大学の中西輝政教授から「先生のライフワークである占領史を研究するためには『菊と刀』の著者であるルース・ベネディクトについて研究する必要がある」とのアドバイスをいただいた。その言葉を受け、「日本占領の歴史を明らかにしてほしい」という願いから父が「史朗」と名付けた私の人生の原点に立ち返った。シンポジウムの十日後である十一月二十日、私の六十二歳の誕生日に、父の願いに応えるために三十歳の時に米留学を決意した「初心」に戻ることを心に誓った。

すべての役職を辞して、講演活動も自粛し、研究に専念する決意を年賀状に書いたところ、評論家の西尾幹二先生から次のような賀状が届いた。

〈賀状拝読、ライフワークに立ち上がったとの報、私は大変喜んでいます。もう昔ですが、このテーマで大著を書いてくださいと申しました。実現しそうですね。嬉しいです。そうでなくちゃあなりませんね。もう十分に『行動』はなさったので、『認識』の集大成の秋です。待っていますよ〉

私の父もまったく同じ思いではないかと思った。翌年二月から、『菊と刀』の土台となったジェフリー・ゴーラー文書研究のために渡英し、その後、ベネディクト文書研究のため母校の米ヴァッサー大学に移動し、国連本部で開催された会議に、政府の男女共同参画会議の有識者議員として初めて参加した。

その後、神道指令と天皇の「人間宣言」文書研究のため、ウッダード文書が保管されているオレゴン大学で調査し、再びニューヨークに戻って映画「エンペラー」を鑑賞後、ヘレン・ミアーズ文書研究のためスワースモア大学に移動、さらに日本人の性格構造分析会議に関する太平洋問題調査会関係文書調査のため、コロンビア大学に戻った。

コピーした史料は三〇〇〇頁、カメラで撮影した史料は八〇〇頁、筆写した史料は二〇〇頁を超えた。以来、毎年レンタカーで年間一万km以上、全米の大学や図書館を駆け巡った。

「従軍慰安婦」の銅像もすべて現地を訪れて調査を行い、カリフォルニア州を中心に広がっている日本人子弟へのいじめの実態調査（『歴史認識問題研究』第二号「北米『日系子女いじめ問題』調査報告」参照）なども行い、ユネスコの「世界の記憶」にかかわる「歴史認識問題」にも深く関与してきた。

親学の挫折という不運が、イギリス、アメリカ、カナダに所蔵されている占領文書研究に専念する決意を固めさせ、占領史の実証的研究という、米留学時の志の原点へと私を導いてくれた。その研究成果をまとめたのが次の三部作である。不運に出会わなければ、『菊と刀』をはじめとする占領期の資料の新たな研究成果や、占領政策の今日的影響を明らかにすることはできなかった。

①『日本が二度と立ち上がれないようにアメリカが占領期に行ったこと』（致知出版社）
②『「日本を解体する」戦争プロパガンダの現在』（宝島社）
③『ＷＧＩＰと「歴史戦」』（モラロジー研究所）

私は不運を契機に明星大学教授の職を辞して、教授会などの一切の会議に出席する必要がなく、ゼミの授業だけを担当すればよい特別教授になって、学期休みに海外研究に専念する道を選んだ。たまたまモラロジー研究所の廣池幹堂理事長とお会いした折に、そのことをお伝えしたところ、「それなら、麗澤大学大学院で教えてくれませんか」とお声をかけていただき、平成二十九年から麗澤大学で「教育相談」という科目を担当し、翌年から同大学院の道徳教育専攻の特任教授に就任した次第である。

かつて北海道家庭学校を訪問した際、教育理念である「難有」とは、「難があるから有難い」ということだと教わった。そのことを師範塾や親学推進協会の研修でいつも力説してきたが、その意味が骨身に沁みてわかった。

この不運さえなければ「親学推進法」が超党派の合意の下に成立していたことは確実であったのに……という思いが何度も脳裏を駆け巡る。しかし、この不運がなければ、麗澤大学及び現モラロジー道徳教育財団への転職もなかった。

アメリカに設置された慰安婦像の実態調査

麗澤大学に移ってからは、占領史研究と併せて、「科学的知見に基づく家庭教育学・道徳教育学」の樹立を目指した。四年間で学術論文を三本書き、学会発表を八回（高橋史朗塾の塾生との共同研究発表も含む）積み重ね、「脳科学等の科学的知見に基づく道徳教育」

及び「感知融合の道徳教育」の理論と実践の往還に尽力してきた。

また、日本家庭教育学会で、「脳科学等の科学的知見に基づく家庭教育――新たな家庭教育学の樹立を目指して」をテーマに基調講演を行った際には、佐藤貢悦同学会理事長（筑波大学教授）から、「包括的、体系的、総合的にまとめられた今回の講演は、髙橋氏の幅広い知識と深い見識がなければ語れなかった」と高く評価していただき、家庭教育学の樹立への第一歩となった。

家庭教育・道徳教育は「価値観の強制」という批判を乗り越えるために、本来子供に内在している「発達力」を保障する必要がある。そのためには、発達段階を踏まえた科学的知見に基づく家庭教育・道徳教育のあり方について学問的に研究する必要があると考えた。

そこで、日本道徳教育学会と日本家庭教育学会の幹部が発起人となり、倫理研究所において毎月、「脳科学等の科学的知見に基づく家庭・道徳教育研究会」を開催した。その後、この研究会を継承する「ウェルビーイング教育研究会」をモラロジー道徳教育財団道徳科学研究所で開催し、今に至っている。ウェルビーイング教育については次章で詳述する。

このような「不運」を媒介とした不思議な「縁」に導かれたことに深く感謝せずにはおれない。

## 「包括的性教育」「グローバル性革命」とは何か

私はこれまでに、『間違いだらけの急進的性教育――エイズ・性をどう教えるか』（黎明書房）の出版や、「どうする？　エイズ性教育」（日本教育研究所、共同テレビジョン制作）という教育ビデオの監修を務めてきた。性教育について言及している理由は、子供の健全育成という視点と、急進的な性教育を推進しようとする人々の背景にある「思想」に問題があると感じているからだ。その思想とは、「自由」あるいは「ジェンダー」の名によって、道徳観や家族のあり方、歴史観を混乱させる可能性がある。教育の視点に立った時、果たしてそれは「子供の最善の利益」になるものだろうか。

ドイツの社会学者のガブリエル・クビー著『グローバル性革命――自由の名によって自由を破壊する』の内容をもとに、性教育およびその思想性について問題提起したい。

同書には多くの推薦の言葉が寄せられている。プリンストン大学のロバート・ジョージ教授は、クビーの「自由に対する誤った幻想」に対する「明確で思慮深い分析」によって、「真の自由は自己統制と美徳を通してのみ成し遂げられるという事実を悟る」と評している。

米国外交政策委員会のロバート・レイリーは、「二十世紀のナチス・ファシズムや共産主義のようなもの」である「今日の西欧の同性愛と中絶のイデオロギー」の起源とその悪影響を詳しく説明した本書は、「道徳秩序から性を解放し、そのようなことを受け入れる社会が経験する恐ろしい姿を鮮やかに描き、全体主義的な結果から抜け出すことを可能にする道徳的現実主義について、強く提案」していると論評している。

さらに、米国家族研究委員会の結婚と宗教研究所取締役のパトリック・ペイガンは、「文化戦争に関する最も包括的な入門編である」本書は、「急進的に『深刻に性愛化した国家』が世界を支配しようとした人たちにどのように究極の手段として利用できるかを示している」と述べ、ロバート・スパマン博士は「私たちの自由がどのように反道徳的イデオロギーによって脅かされているかを見せている」と評している。

同書で最も注目されるのは、第四章「国連、グローバル性革命を主導する」と、第十二章「幼稚園から十二学年までの性教育」と、「包括的性教育」の問題点を浮き彫りにした第十三章である。

まず第四章において、クビーは『西欧文明革命の世界比』の著者であるマーガレット・ピーターズが、「世界的なポストモダニズム的な倫理は相違点と選択の多様性、文化的な多様性、文化的な自由、（性的指向とは異なる）性的多様性などを称賛する。このような『解放』は新しい倫理の絶対的な命令となった」と指摘した内容を次のように整理している。

「性革命運動の政治的な戦略」の一環として、「性の主流化」という用語が一九九九年にドイツの政治の指導原理となったが、ピータースが指摘したように、「革命の過程において始めから終わりまで中心的な役割を果たしたのは政府ではなく、非政府の少数者たちであり、公共の福祉を代価に自分たちの利益を追求しようとする急進的な少数者たちのロビイスト（フェミニストと同性愛運動家達）に過ぎず、彼らの戦略的目的は性的規範の解体による世界人口の減少にあった。

彼らは、自由の名によって文化的宗教的伝統を無力化するために新しい「権利」を主張し始めたのである。それが、自由恋愛、避妊、中絶、人工授精の権利、自分の性同一性を自由に決める権利、親に反抗する権利などである。

これらの核心には自律的な人間の選択の自由に対する権利があり、自由という用語は、真理、責任、他者のための善、公共の福祉から分離されてしまったのである。

平成六年（一九九四）、カイロで開催された国連人口会議では「生殖保険」に対する大きな局面の転換が起き、翌年に北京で開催された国連世界女性会議は急進的なフェミニストたちが掌握し、長期的な目標は次の三つの目的を達成するために、「性」という単語を

「ジェンダー」に変えることであった。

①男性と女性の実質的な平等
②男性と女性という性同一性の解体
③規範的・強制的な異性愛の解体

デール・オリオリ著『ジェンダーアジェンダー（The Gender Agender）』によれば、同世界女性会議は急進的フェミニストたちが戦略的に操作し、生命と家族の保護を主張する団体の参加は許可されず、「家族を破壊しようとし、結婚を完全に無視し、母性の重要性を最小化し、性的に堕落した態度を持たせ、同性愛とレズビアン主義、性的淫乱と子供の性的関係を助長し、子供に対する父母の権利を剝奪しようとした」北京の行動綱領に家族保護を訴えた諸団体は連合して反対したが、受け入れられなかった。

この北京の行動綱領を法的拘束力を持つ国際条約に転換し、社会的な現実にすることを目指す文化革命的戦略が試みられ、「性主流化と生殖保護」という新しい概念が登場した。

平成二十八年（二〇一六）十二月十九日、国連総会は、性的指向とジェンダーアイデンティティーを理由とする暴力と差別への認識を促したり、対処への助言をおこなう「独立専門家」という新しい職責を作るための投票を行い、八十四対七十七の僅差でその職責を設けることになった。「性的権利」「中絶の権利」「売春の合法化」「性教育の拡散」「避妊広報」「コンドーム無料配布」が広がり、クビーは本書の第四章を次のように締めくくっている。

〈第二次世界大戦以降、国連は全世界の人々の希望の光であった。しかし、現在、国連は危険な文化大革命の急先鋒となっている〉

ミリアム・グロスマン著『あなたが私の子供に何を教えているのか』は、「伝統的道徳は無意味で破壊的である」と断定する性教育の偽善性と危険性について警告した。レスター・カルデロン著『性の権利章典』は、子供が親の価値観に関係なく、性的活動に参加する権利があり、全ての形態の性行為をする権利があると主張し、国際家族計画連盟とユネスコの性革命に大きな影響を与えた。クビーは、「子供たちが知るべきではない不自然で、歪み、異常で忌まわしい性行為が義務教育の教材となってしまった」と嘆いている。

ドイツで数百万ドルの予算で幼稚園や義務教育での「性愛化」を主導した国際家族計画連盟の性教育担当者が避妊具セットを持って学校を訪問し、子供たちにプラスチック性器にコンドームを装着させる練習をさせた。彼らは映像やロールプレイ等を子供に強要して、伝統的な道徳規範と羞恥心を破壊し、全ての性行為をするように、特に自慰行為をするように薦めた。同連盟の平成二十二年（二〇一〇）の年次報告によれば、

①二二〇〇万件の妊娠中絶
②一億三一〇〇万件の避妊手術
③六億二一〇〇万個のコンドーム配布
④八万件の不妊手術

を若者に施行したという。しかし、平成二十七年（二〇一五）にシリーズで放映された潜入ビデオによって、同連盟が違法な中絶手術を通して得られた胎児の体の一部を販売したことが明らかになった。

同連盟の他に十団体が「グローバル性革命の代理人」として「パンドラの箱」を開け、「男子と女子の結婚に基づく家族という社会的基盤を破壊するために、性的な道徳規範の緩和という方法を使用」した、とクビーは述べている。

そのグローバル性革命戦略として登場した「包括的性教育」の柱は次の七つである。

①ジェンダーと性の違い
②性と生殖に関する健康とHIV：コンドーム使用法、他の形態の避妊法、合法的で安全な中絶
③性的権利と性的市民権：様々な性同一性の支持・選択・保護・安全で健康で楽しい方法で性行為を自由に表現して探求する権利
④楽しさ：自慰行為、情欲と関係性の多様性、最初の性的経験、喜びに伴う不名誉な烙印に対する対処
⑤男女に対する様々な種類の暴力探求
⑥多様性への肯定的な視野
⑦異なる関係（性交、ロマンチックな関係など）

このような「包括的性教育」を受けた子供たちは、性的羞恥心が破壊され、「性愛化」によって、梅毒と淋病の発生率が高まり、多くの若い女性を永久的に不妊にする性感染症の爆発的な拡散を生んだのである。早期性交を助長する「包括的性教育」の危険性を列挙すれば、十代の妊娠と中絶、薬による健康の損失、性感染症の増加、うつ病と自殺につながる心理

的損傷、低い達成感、弱体化した絆、などが挙げられる。

親には、子供の最善の利益を守り、子供の人格の尊厳性を保護する家族の文化的伝統を考慮しながら、自らの道徳的・宗教的信念に基づいて子供を教育する権利がある。

クビーが提起している問題点を整理すると、以下の通りである。

①性規範の緩和は、文化的腐敗につながる
②性規範の緩和は子供たちに最高の環境である家族を破壊する
③性愛化は子供時代を奪っていく
④性愛化は親の権威を弱体化させる
⑤性愛化はホルモンの発達に違反する
⑥習慣的な自慰行為は自己陶酔的な性欲を固着させる

「包括的性教育」を行ったイギリスでは、十八歳以下の性転換手術が十年間で七十七人から三十四倍に急増した。こうした「グローバル性革命」「包括的性教育」がもたらした悪影響を踏まえて、同書を翻訳していた弘前学院大学の故・楊尚眞教授は次のように警告している。

〈子供たちが正しい性倫理・道徳を確立する前に低俗な性文化に晒され、幼年期における純粋で健やかな精神が保護されていない。性革命を寛大に捉えてしまうという致命的な悲劇を引き起こす可能性がある。西欧で紆余曲折を経て進められてきたグローバル性革命がそのまま圧縮されて日本に浸透しつつある。西欧で性革命がどのように起こり、性倫理、家庭、家族、結婚にどのような破壊的影響を及ぼしているかを具体的に語る本書を通じて学び、長い間緻密に計画され組織的に進められてきたグローバル性革命に危機感と切迫感を持って対抗し、性的堕落の暗雲を払拭しなければならない〉

グローバル性革命の影響は日本にも既に及んでいる。それが、「こども家庭庁」の政策に関する議論である。「こども基本法」の勉強会で提起された自民党「こども・若者」輝く未来創造本部の「こどもまんなか」改革の実現に向けた緊急決議に、包括的性教育の事例を「参考にすべきである」と明記されたことも問題である。

詳細は、『知っておきたい「こども庁」問題Q＆A』（歴史認識問題研究会）にまとめているので、ぜひ参照されたい。

# 第七章　世界をリードする日本へ

## 第四期教育振興基本計画に記された教育の目標

教育基本法に示された理念の実現と、我が国の教育振興に関する施策の総合的・計画的な推進を図るため、政府として策定するものが「教育振興基本計画」である。「教育振興基本計画」は、平成二十年七月に初めて策定され、以降五年おきに策定されている。全国の教育委員会は、この内容を踏まえて計画を策定してゆく。

令和五〜九年度の目標を定めた第四期教育振興計画の冒頭には「教育の普遍的な使命」として、次のように明記している。

〈教育基本法の理念・目的・目標・機会均等の実現を目指すことは、先行きが不透明で将来の予測が困難な時代においても変わることのない、立ち返るべき教育の「不易」である。

教育振興基本計画は、「不易」を普遍的な使命としつつ、社会や時代の「流行」の中で、我が国の教育という大きな船の羅針盤となるものと言えよう。「流行」を取り入れてこそ「不易」としての普遍的使命が果たされるものであり、不易流行の元にある教育の本質的価値を実現するために、羅針盤の指し示す進むべき方向に向けて必要な教育政策を着実に実行していかなければならない〉

教育基本法は第一条において教育の目的を、

「人格の完成」
「国家及び社会の形成者として必要な資質を備えた心身ともに健康な国民の育成」

と定め、第二条において教育の目標を、

「伝統と文化を尊重し、それらをはぐくんできた我が国と郷土を愛するとともに、他国を尊重し、国際社会の平和と発展に寄与する態度を養うこと」

など五つの目標を定めている。

その上で二〇四〇年以降の社会を見据えた教育政策の基本方針として、

①持続可能な社会の創り手の育成
②日本社会に根差したウェルビーイングの向上

を二大コンセプトとして位置付けた。

「持続可能な社会の創り手の育成」とは、いわゆるＳＤＧｓ（Sustainable Development Goals）の延長である。ＳＤＧｓとは、「持続可能な開発目標」の略で、国連サミットで採択された二〇三〇年までの国際目標である。

ウェルビーイング学会が発行した「ウェルビーイングレポート日本版二〇二二」にて、福井県立大学の高野翔准教授は次のように記している。

〈国際社会の尺度の変遷を俯瞰すると、一九三〇年～はＧＤＰの時代。経済成長／Economic Growthという言葉が代表するように、〝Growth／量的拡大〟を価値基準とした国の発展を志向した時代だった。（中略）

続いて、現在を含む二〇一五〜二〇三〇年は、SDGs（持続可能な開発目標）の時代。環境上限を越えた人類の開発行為への反省から、地球環境を守っていくという〝Sustainable／持続可能性〟という視点を国際社会の総意として加え、〝Growth／量的拡大〟から〝Development／質的向上〟へと発展の志向性を改めた。（中略）

それでは、二〇三〇年以降のSDGsの次の尺度は、感染症と武力衝突の脅威を共に実感した国際社会の総意として、どのように変化していくのだろうか。地球市民一人ひとりの心身の健康とともに、国際社会としての調和ある良好な関係構築に向け、ウェルビーイングの概念・尺度への希求を感じる。

SDGsの次の国際目標が目指す年は、二〇四五年となるのではないだろうか。（中略）国際社会の議論の緒として注目に値するのは、新型コロナウイルス感染症の対応にあたるWHOが、国際機関との議論の基でディスカッションペーパー（二〇二一年）を発表したこと。その中では「ウェルビーイングを国際アジェンダの中心概念として据えるべきである」と主張されており、次の二〇三〇〜二〇四五年の国際社会の物差しは、人と社会に寄り添うことのできるウェルビーイングへと移行していくものと期待する。一国の観点からみるとGDPからGDW（Gross Domestic Well-being）へ。国際目標の観点からみるとSDGsからWGs（Well-being Goals）へ。（中略）人と人、人と地球の動的な良い状態を目指す視座に立ち、「負の遺産を将来世代に残さない」という姿勢から「正の遺産を将来世代に繋いでいく」というポジティブな未来姿勢へと発想を大きく転回させることが、次の時代の新しい尺度に求められる役割であろうと考える〉

ウェルビーイングとは、身体的・精神的・社会的に良い状態にあることを言い、短期的な幸福のみならず、生きがいや人生の意義など将来にわたる持続的な幸福を含むものである。直訳すると「良好な状態」であるが、最近は「満たされた状態」と訳されることが多い。心身の健康だけでなく、心が豊かな状態である幸福と、社会の良好な状態をつくる福祉を統合した、心と身体と社会の良好な状態がウェルビーイングである。ウェルビーイングの実現とは、多様な個人それぞれが幸せや生きがいを感じるとともに、地域や社会が幸せや豊かさを感じられるものとなることであり、教育を通じて日本社会に根差したウェルビーイングの向上を図っていくことが求められる。

第四期教育振興基本計画で注目すべきポイントの一つが「日本社会に根差したウェルビーイングの向上」と記されている点だ。つまり、日本社会に根差した幸福のあり方とはどういったものであろうか。私はそれを「日本型ウェルビーイング」と表現しているが、その論考は後述したい。

## ＳＤＧｓの哲学を充足する日本の神道

持続可能な社会の創り手の育成について、意外と知られていないが、「持続可能な開発のための教育目標」と訳されるＥＳＤ（Education for Sustainable Development）は、実は日本が世界に先駆けて提唱したものだ。平成十二年（二〇〇二）、日本が世界に提唱して以降、ＥＳＤに関する会議が世界で活発に行われていった。

今、世界には気候変動、生物多様性の喪失、資源の枯渇、貧困の拡大など人類の開発活動に起因する様々な問題がある。持続可能な開発のための教育（ＥＳＤ）とは、これらの現代社会の問題を自分事として主体的に捉え、人類が将来の世代にわたって恵み豊かな生活を確保できるよう、身近なところから取り組む（think globally.act locally）ことで、問題の解決につながる新たな価値観や行動などの変容をもたらし、持続可能な社会を実現していくことを目指して行う学習・教育活動である。

平成二十八年の中央教育審議会答申は、ＥＳＤを「次期学習指導要領改訂の全体において基盤となる理念である」と明記し、次のように述べている。

〈世界をリードする役割を期待されている。特に、自然環境や資源の有限性を理解し、持続可能な社会づくりを実現していくことは、我が国や各地域が直面する課題であるとともに、地球規模の課題でもある。

子供たち一人一人が、地域の将来等を自らの課題として捉え、そうした課題の解決に向けて自分たちができることを考え、多様な人々と協働し実践できるよう……先進的な役割を果たすことが求められる〉

SDGsの内容に強い反対論があることはもちろん理解している。私は諸手《もろて》を挙げてSDGsに賛同しているわけではなく、内容を理解した上で評価できる点は適切に評価し、問題点は厳しく指摘すべきと考えている。実際、SDGsの目標の一つである「ジェンダー・フリー」の問題点は幾度も指摘している。

SDGsについて、国連で決まったリベラルな目標が日本にも課せられ、スーツにバッジを付けるだけでパフォーマンス化しているといった否定的な印象を抱いている人もいると思う。一方、ESDのように日本の考えを世界に発信し、リードするという積極的な捉え方もできるのではないか。

関連して注目してほしいのが、国連事務総長からSDGs文化推進委員長に依頼されたのは、石清水八幡宮権宮司の田中朋清氏であることだ。ＳＤＧｓ文化推進委員長に、なぜ「神道人」が選ばれたのか。「日本人がもっと哲学の部分を充足してほしい」と依頼された田中権宮司は次のように述べている。

〈ＳＤＧｓは、ともすればうわべだけのものになりがちです。それは、本質の哲学が明示されていないからです。（中略）世界の平和と持続可能性を考えたとき、日本の古来培ってきた鎮守の杜の知恵に内在する伝統的価値観や哲学を、教育や文化を通じて世界中の人たちと共有することが最も平和への近道ではないかと思っています。（中略）

例えば、日本の戦国時代においても、武士たちはお茶の席に刀を持ち込むことは決してしませんでした。日本人の根底には、受け継がれてきた伝統と知恵を人と人との付き合いに落とし込んでいく和の精神が流れています。農耕文化を通して、自然の恵みをいただく中で育んできた、生かされていることへの感謝やおかげ様の心は、茶道や武道、和歌（しきしまの道）などの「道の文化」を生み出し、日本人の民族性、精神性を高めてきました。

日本をはじめ世界中で神道の精神や神々をモチーフにしたアニメである『君の名は』やジブリなどの作品が流行しましたが、今も目に見えないものへの畏敬の心は、国境を越えて若者達の中にも脈々と受け継がれていると感じています。（中略）

日本の各地には、町や村の中心に鎮守の杜があって、ご先祖様がつないでくれた文化が、人々に仲良く幸せに生きる知恵を与え、さらに温故知新の思想を以てアップグレードしながら、過去から現在へ、そして次の世代へとつなげてきたのです。そうした文化の連続性の本質にあるのが親から子への「愛」です。みんなが幸せに生きていくための本質的な価値を、文化を受け継ぐ中で結晶化させています。

現代において世界中の人たちが求めている本質的な価値は日本の哲学であり、それは世界と共有が可能です。神道的な概念というのは、日本独自のものではなく世界中の人たちが共感できる信仰以前のものです。（中略）宗教というから対立的に捉えてしまいがちですが、哲学だと考えれば、世界の国々と通じ合っていくことができます〉

（日本ＡＳＥＡＮ次世代交流フォーラム特別インタビュー／令和三年八月十日）

ユネスコＥＳＤ国際会議では、経済、社会、環境の三本柱の土台は〝文化〟であることが明らかにされた。世界各国が持続可能な社会を目指すにあたり、通底する文化として〝神道〟が注目されたことはぜひ認識しておきたいものである。

## ＳＤＧｓを「常若」と捉え直す宗像国際環境会議

ＳＤＧｓは海外からの「輸入品」として認識しがちだが、「日本的」な見方で捉え直すことができるのではないか。

平成二十八年十一月十二日、麗澤大学にて廣池千九郎博士生誕百五十年記念第十二回地球システム・倫理学会学術大会が開催され、「A World of Sustainability――とこわかの思想」をテーマにシンポジウムが行われた。シンポジウムの座長は、国連事務局長顧問等を歴任した服部英二氏である。

コメンテーターの川勝平太氏は、「Sustainability を『持続可能性』ではなく、『とこわか（常若）の世』と訳した服部英二氏の着想は卓抜」と高く評価した。「常若」とは神道の考え方で、「常に若々しく美しさを保っていることで永くあり続けられる」という意味であり、その象徴が伊勢の式年遷宮である。服部英二氏の訳が、私自身が「常若」の視点で環境問題を考える契機となった。

福岡県宗像市にある宗像大社では年に一回、「宗像国際環境会議」が開催されている。宗像大社は日本神話に登場する日本最古の神社の一つであり、平成二十六年、宮司の葦津敬之氏が宗像国際環境会議を設立された。玄界灘の海水温度の上昇により沿岸部に広がる磯焼け、漂着ゴミへの問題意識から「海の鎮守の森」構想を掲げ、海の再生事業に取り組み、近年の急激な海の変化への提言や情報を国内外に発信することを目的に設立された、産官学民が集う会議体である。この宗像国際環境会議が掲げるテーマが「常若」なのである。特に、令和元年から令和二年にかけて以下のような共同声明、および常若産業宣言を発表している。

〈『常若』とは、常に若々しいとされているが、自然界では物質は絶えず循環し、生まれ変わり続けることで維持されていることから、循環する時間の象徴でもある。……これからの社会は、『循環』と『共生』という自然の摂理に学び、社会経済の仕組みを大きく変えていくことが求められている。そして、その礎は日本で脈々と受け継がれてきた森里川海への感謝と祈り、自然に対する謙虚さにある。……『常若』とは、「Sustainable」（持続可能）の言いかえではなく、持続可能な定義に精神性、地球と人類のあるべき姿の可能性を含んでいる。今後は……『常若』の国際的な発信を行っていきたい。私たちは、ここ宗像の地と海で、『常若』な地域社会の実現に向けて、国際的なつながりを深め、行動することを宣言する〉

（第六回宗像国際環境百人会議　宗像宣言／テーマ「常若」／令和元年八月二十五日）

〈日本のものづくりの心と技は、常若から始まっている。宮大工の原点はいい刃物を持つこと。いい刃物と向き合い刃物の心を体得すれば刃物がいい仕事をする。身体感覚を磨き上げることが技をなす。木と向き合い木の本質を掴み取ることが寸法も設計図もない中で寸分違わぬ五重の塔を建てる土台となる。機械化と自動化はものづくりの効率を高めるかもしれないが、担い手が物心一如の言葉を胸に刻み、三千年先の地球に思いをいたせば、より良いものづくり、大地と海原と空、そして森里川海に暮らす生きとし生けるものと共にするものづくりに至る〉

（第七回宗像国際環境会議　常若産業宣言／令和二年十月二十五日）

〈【世界遺産の連携による自然環境問題への取組み】

（前略）日本神話には「海幸山幸」のことが描かれており、古代より海と山の密接な関係性を読み取ることができる、（中略）この度の新型コロナウイルスに伴う社会経済活動への影響によって、皮肉にも、インドではヒマラヤが目視できたり、ベニスの水の透明度が増すなど、自然環境の改善が見られ、今日の大量生産大量消費の実態を改めて認識することともなった。

一方、かつての江戸は、既に循環型社会が形成されていたという。それは自然への畏怖、畏敬の念が根底にあり、海や山への信仰心があったからとされている。このような自然観は、今や国際社会においてもアニミズム文化として見直されており、これは、喫緊の課題となっているＳＤＧｓ（Sustainable Development Goals・持続可能な開発目標）の考え方にも繋がるものである。

私たちは、このＳＤＧｓの達成及び新型コロナウイルスによりダメージを受けた社会経済の復興に向けて、宗像国際環境会議に掲げられている「常若（とこわか）」という日本の伝統的な持続可能な考え方の上に立ち取り組んでいく。

この際、その一環として、国際社会から文化的な価値を認められた世界文化遺産、海の神殿「宗像・沖ノ島」と山の神「富士山」を有する両県が互いに連携し、それぞれの地域の人々の交流を拡大するとともに、双方の世界文化遺産が体現してきた持続文化を再評価し、新しい生活様式の取組みについて議論し、それらを国際社会に積極的に発信していきたい〉

（海の神殿「宗像・沖ノ島」山の神殿「富士山」共同声明／
静岡県知事・川勝平太、福岡県知事・小川洋／令和二年十月二十五日）

## 常若産業甲子園――世の中の役に立つ喜びを味わう生き方の提唱

令和四年十月二十六日から三日間、宗像大社で開催された第九回宗像国際環境会議に私も参加した。宗像国際環境会議での議論は多岐にわたったが、最も興味深かったのが「常若産業甲子園」であった。

常若産業甲子園とは令和三年、第八回宗像国際環境会議にて、未来を担う子供たちと、知恵や経験のある大人たちを結びつけるために立ち上がったプロジェクトである。大人と子供の絆が滞れば、環境も産業も途切れてしまうという危機感から生まれた同プロジェクトは、ものづくり生命機構常任理事の岸本吉生氏が提唱したものである。

同プロジェクトによれば、「常若」には日本の古き良き文化を重んじる意味があり、また、その時々の気候や情勢など、時代に合った新しい価値観で、伝統すらも新しく変えていくことも含まれ、新しい状況に応じて柔軟に変化することも意味しているという。これは「伝統の創造的再発見」という視点にもつながる。

全国各地で環境保護の活動を展開している小中校生たちが、環境問題を自分事として捉えて志や夢を語り、地域で出会った大人たちの思い、知恵、経験を受け継ぐ四十五分のドキュメンタリー映画が放映され、大変感動した。ＹｏｕＴｕｂｅで公開されているのでぜひご覧いただきたい。

同ドキュメンタリー映画は、小中高生たちが常若産業甲子園のコンセプトにつながる「あとからくる者のために」という坂村真民氏の詩に学び、情報デザイン会社の協力の下に制作されたものだ。

**【あとからくる者のために】**

あとから来る者のために
田畑を耕し
種を用意しておくのだ
山を
川を
海を
きれいにしておくのだ
ああ
あとから来る者のために

苦労をし
我慢をし
みなそれぞれの力を傾けるのだ
あとからあとから続いてくる
あの可愛い者たちのために
みなそれぞれ自分にできる
なにかをしてゆくのだ

常若産業甲子園は、世代を超えて「常若」を受け継ぐ武者修行であり、まず四〇〇字で以下の四項目について文章を作成してもらう。

①人生の目的
②人生の目的と紐付いた「ありたい自分」
③卒業式当日にそうありたい自分
④そうありたい自分になるために励むこと

「人生の目的はどうやったら見つかりますか」という質問をする若者がいるが、「人生の目的」と「人生の目標」は違う。何のために生きるのかが「人生の目的」であり、そのために何を目指すのかが「人生の目標」である。人生の目的と紐付いた「ありたい自分」を見つめさせることによって、夢や理想の源泉である「いのちの叫び」、内発的な願い＝「内部理想」に気づかせることによって、常若を自分事として捉えることができるようになる。

内発的な願いに立脚した人生の目的に向かって、卒業式当日にそうありたい自分の目標を立て、その目標に向かって今何を成すべきかを考えさせるのである。

このように「人生の目的」と「人生の目標」、次に「なりたい自分とありたい自分」について考えさせ、そうありたいけれどもそうなれるとは限らない状況を見つめさせ、生きる喜びを感じる「仕事」と金儲けのためにやる「稼ぎ」との違いについて考えさせる。生きる喜びを感じるのはどんな時かについて考えさせ、それは誰かに役立ち他者に貢献する人生であることに気づかせる。

常若の人生とは希望であり、困っている人のために働き、環境問題や社会課題を自分事として解決する道である。常若産業甲子園は、世の中の役に立つ喜びを味わうことをライフワークにするような生き方を目指しているのだ。

## 日本社会に根差したウェルビーイングとは何か

第四期教育振興基本計画には、なぜ「日本社会に根差した」ウェルビーイングと記されたのか。同計画にこのように記されている。

〈ウェルビーイングの捉え方は国や地域の文化的・社会的背景により異なり得るものであり、一人一人の置かれた状況によっても多様なウェルビーイングの求め方があり得る〉

「自分とは何か」という認識は、その人が所属する国や文化によって異なるように、その考え方を「幸福」にまで延長すると、「自分にとって何が幸せか」についても文化が影響する。

中央教育審議会委員としてウェルビーイングに関する議論をリードしたのは、京都大学大学院の内田由紀子教授である。内田氏は、著書『これからの幸福について――文化的幸福観のすすめ』（新曜社）において、「集合的幸福」「協調的幸福」という日本的な文化の幸福感を反映させた日本的ウェルビーイングの尺度を提示し、「日本では穏やかで、人並みの、また、自分だけではなく他者と共に実現される幸福感が重要になることも多く、人生満足度尺度ではあまりうまく日本の幸福感が捉えきれない」と指摘している。その指摘を踏まえて、同計画には、続けてこのように記されている。

〈ウェルビーイングの国際的な比較調査においては、自尊感情や自己効力感が高いことが人生の幸福をもたらすとの考え方が強調されており、これは個人が獲得・達成する能力や状態に基づくウェルビーイング（獲得的要素）を重視する欧米的な文化的価値観に基づく側面がある。同調査によると日本を含むアジアの文化圏の子供や成人のウェルビーイングは低いとの傾向が報告されることがあるが、我が国においては利他性、協働性、社会貢献意識など、人とのつながり・関係性に基づく要素（協調的要素）が人々のウェルビーイングにとって重要な意味を有している。このため、我が国においては、ウェルビーイングの獲得的要素と協調的要素を調和的・一体的に育む日本発のウェルビーイングの実現を目指すことが求められる。こうした「調和と協調（Balance and Harmony）」に基づくウェルビーイングの考え方は世界的にも取り入れられつつあり、我が国の特徴や良さを生かすものとして国際的に発信していくことも重要である〉

内田教授は、「何をもって幸福か」というその物差しについて問題提起しているのである。また、日本発の「調和と協調」に基づくウェルビーイングについて、「『我が国の特徴や良さを生かすもの』として国際的に発信していくことも重要」と記述されている点も重要だ。

令和五年二月に開催された自民党「日本ウェルビーイング計画推進特命委員会」で、私は有識者の立場から意見書「G7教育大臣会合で我が国が国際発信すべき、日本発（型）ウェルビーイングの視点」を提出した。その中で、世界幸福度の調査尺度に「調和」「協調」「バランス」の視点を導入するよう提言したのだが、経済一辺倒の成長のあり方に世界が限界を迎えている今、日本人の「文化的幸福」「集合的幸福」の尺度を世界に発信し、先導してゆくことは非常に意義深いことであると思う。

## 親と教師のウェルビーイングを高めるために

私はかねてより、「子供の最善の利益」という視点を主張してきたのだが、どのようにすれば子供のウェルビーイングを高めることができるだろうか。第四期教育振興基本計画にはこう記されている。

〈子供たちのウェルビーイングを高めるためには、教師のウェルビーイングを確保することが必要であり、学校が教師のウェルビーイングを高める場となることが重要である。子供の成長実感や保護者や地域との信頼関係があり、職場の心理的安全性が保たれ、労働環境などが良い状態であることなどが求められる。加えて、職員や支援人材など学校の全ての構成員のウェルビーイングの確保も重要である。こうしたことが学びの土壌や環境を良い状態に保ち、学習者のウェルビーイングを向上する基盤となり、結果として家庭や地域のウェルビーイングにもつながるものとなる〉

また、子供たちのウェルビーイングにも密接に関わっているのが「家庭の支援」だ。三十八か国の先進国が加盟するＯＥＣＤ（経済協力開発機構）は子供たちのウェルビーイングにとって、保護者との関係が一番重要であることを明らかにした。子供にとってはまず保護者であり、その次に学校生活があり、さらに健康という位置付けになっている。

私は「主体変容」が親と教師の課題であると考え、親学と師範塾で「主体変容」を理念とした人間教育をそれぞれ十年以上続けてきたが、日本型ウェルビーイングの向上に取り組むにあたり、この理念を「他者と共に変容する」と捉え直したい。「子供たちのウェルビーイング」を高めるためには、まずもって親と教師がウェルビーイングを高め、子供と共に成長してゆくことが大切だからである。

しかし、令和五年（二〇二三）十二月に公表された生徒の学習度到達調査（ＰＩＳＡ二〇二二）で、家族の支援に対する生徒の評価が、日本は調査対象国の中で最も低いことが明らかになった。さらに問題なのは、文科省及び国立教育政策研究所がこの結果を公表していないことである。両者とも「ＰＩＳＡ二〇二二のポイント」という資料は公開しているが、この結果には言及していない。

より正確に説明すると、生徒に対する質問調査に、コロナ禍をはじめとする厳しい時に家族が支援してくれたかどうかを問う項目があったのだが、日本だけが極端に低かった。次のグラフを見ると一目瞭然である。

この点を分析した東大教授・慶応大特任教授の鈴木寛氏の論考が示唆に富んでいるのでぜひ紹介したい。

〈日本の保護者の子どもに対するケアは、少なくとも子どもたちの視点から見ると、調査対象国の中で最も乏しいという調査結果が出たことについて、もっと日本社会全体として重大に受け止めないといけない。これは議論を始めるいい機会だと思う。（中略）興味深いのは、日本では「家族による支援」と「コロナ禍における教員による支援」が低かった

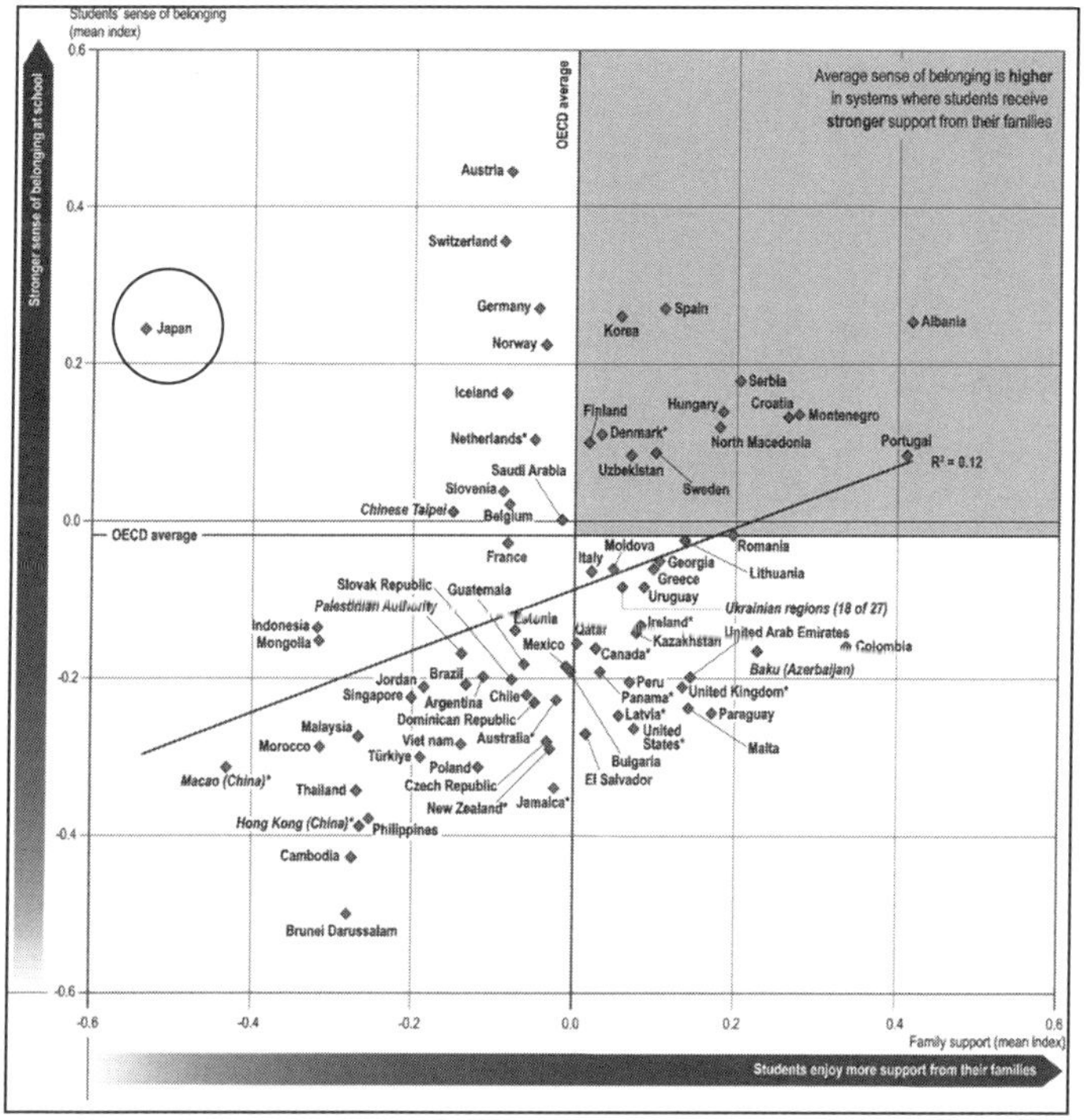


出典：OECD、PISA 2022 データベース、付録 B1、第 3 章

・グラフの縦軸は「学校への帰属意識」
　　　　　横軸は「家族の支援」の指標。
・日本は左上に独立するように位置している。
・日本の子供たちは、学校への所属意識は高めであるが、家族からのサポートが諸外国と比べて極端に低いことが読み取れる。

のに、生徒のウェルビーイングにつながる「学校への所属感」を示す指標は上から六番目に高い、という結果が出たことだ。これはどういうことなのか。詰まるところ、日本の学校では、生徒同士が非常に助けあった（中略）「家族による支援」と「教員による支援」が十分でなくても、子どもたちはお互いに助け合い、「仲間の支援」を通じてコロナ禍を乗り切ったのであり、そのときに重要な役割を果たしたのが「学びの共同体としての学校」だった。これが今回の調査結果のエビデンスが示したことだと思う。

子どものウェルビーイングを考える時に、日本ではすぐに学校の問題にしがちだけれども、実は子供のウェルビーイングに関わる問題は家庭や保護者との関係に依拠しているところが非常に大きいということだ。

日本はこの調査結果を踏まえ、いま一度、問題の再設定が必要になっている。言い換えれば、子どものウェルビーイングを高めるという政策課題を考えると、今までの認識はちょっとずれていることが今回の調査結果から明らかになった。こども家庭庁の最重要課題にしてほしい。

どうやって保護者が自分の子どもたちに向き合い、関係を深める時間を確保できるのか。そのためにどうやって社会が子育て家庭を支援できるのか。これらを日本の社会全体で考えていく必要がある。教育政策の文脈でいえば、日本は「保護者教育（Parental

Education)」をもっと視野に入れないといけない。ＰＩＳＡの結果公表に合わせて、アジアの教育関係者を集めたシンポジウムを昨年十二月六日に東京大学で開催したのだが、そこに出席した香港のクリスティーン・チョイ教育長官から、香港では教育政策として「保護者教育」をきちんと打ち出し始めたことを聞かされ、私は衝撃を受けた。いじめや不登校、メンタルヘルスなど子どもたちが抱える問題について、香港では、学校の対応だけではなく、家庭に対する支援や教育と合わせて対応している、という。

日本で教育政策の中に「保護者教育」をさらにきちんと位置付けるとなると、一つは、行政の縦割りに落ちてしまいそうなところなので、こども家庭庁に省庁横断によるリーダーシップを発揮してもらう必要がある。さらには学校管理職の職務として、「保護者教育」を明確に位置付けていかなければならない。管理職研修の重要な柱の一つとして「保護者教育」を入れ、それを子どもたちのウェルビーイングにつなげていく観点が必要になってくる。

重要なことは、子どもたちが内発的動機付けによる学びができるようになるためには、教員にも保護者にも内発的動機付けによる学びが必要だということだ。結局、これまでの日本は、教育を受ける過程で内発的動機付けがないまま子どもが大人になり、その人たちが保護者になってきた。だから、内発的動機付けによって行動できる大人がとても少ない。

これは社会全体の病理だと思う。しかも鶏と卵の関係なので、大人も子どもも同時に変えていくしかない。大人が内発的動機付けによって行動できるようにならないと、子どもたちをそういうように育てられない。

教育の目的の一つが、内発的動機付けによって行動できるようになることだということを、保護者も教員ももっと認識しなければいけない。これはＯＥＣＤが「学びの羅針盤」で求めたエージェンシー（能動性・主体性）の発揮ということにもなる。学力とは知識と技能の習熟であり、そうした学力を身に付けることが教育の目的であるという昭和型の考え方を変えていくこと、すなわち教育へのマインドセットを変えていくことが必要だと改めて指摘しておきたい〉

（教育新聞／令和六年三月十九日付）

## 選択的夫婦別姓論議に欠落している子供の視点

選択的夫婦別姓の論議について、令和七年元旦の産経新聞によれば、約二千人の小・中学生の五割が「家族で名字が変わるのはよくないので反対」、六割が「家族で同じ名字がよいので別々にはしたくない」と答えている。「女性の不便さ」のみに焦点が当てられ、「女性の自由・権利」が主要論点のように議論されているが、親の都合、個人の自由が最優先で、親が必要な時だけ支え合う家族では、「子供の最善の利益」が損なわれるという視点が欠落している。

家族とは、子供を健全な大人へと育てる重要な存在であるという視点から、法制度を整える必要がある。

家族の一体性よりも個人の自由や権利を優先すれば、家族の支え合いが弱くなり、結果として家族がバラバラに解体する方向へ向かいかねず、特に不利益を被るのは子供であることを忘れてはならない。第四期教育振興基本計画に明記された「日本社会に根差したウェルビーイングの向上」という視点から、論議する必要がある。

親学の活動は挫折したが、今でも親学に関心を持ってくれる人や、親学アドバイザーとして学校及び地域と連携して精力的に活動している人がいることも確かである。

私は令和六年の十一月に七十四歳の誕生日を迎えたが、七十歳で開塾した「髙橋史朗塾」の活動と共に、有志と協力し、これまでの親学の理念を継承し、他者と共に変容する「実践」として深化させた「親としての学び・親になるための学び親道推進協会」の立ち上げを構想している。

ウェルビーイングの視点から、一度は頓挫した親学を再興し、まずは実践の場を広げることに努め、子育て・家庭教育の道を示してゆきたい。

## 不易と流行のバランス

第四期教育振興基本計画について、もう一つ指摘しておきたいことがある。それは不易と流行のバランスである。前述したように、第四期教育振興計画の冒頭には、教育基本法の理念や目標を「不易」なる使命とし、社会の変化の「流行」の中で、教育の方向性を示す旨が記されている。

しかし、教育基本法の「不易」な教育目標と、同計画に記された「今後五年間の教育政策の目標と基本施策」との関連が検証、分析された記述は見られず、「流行」の教育目標の導入と検証に関心と力点が置かれているという根本的な問題がある。不易な目標が棚上げされ、流行の目標の実現に偏り過ぎていることは黙視できない。

実際に流行に偏った教育例が、平成二十九年に改訂された中学校学習指導要領の歴史的分野の目標である。平成二十年の学習指導要領の歴史的分野の目標には、「我が国の歴史の大きな流れを世界の歴史を背景に各時代の特色を踏まえて理解させ、それを通して我が国の伝統と文化の特色を広い視野に立って考えさせるとともに、我が国の歴史に対する愛情を深め、国民としての自覚を育てる」と書かれていたが、平成二十九年の改訂によって、次のように変わった（傍線筆者）。

〈我が国の歴史の大きな流れを、世界の歴史を背景に、各時代の特色を踏まえて理解するとともに、諸資料から歴史に関する様々な情報を効果的に調べまとめる技能を身に付けるようにする〉（目標一）

〈歴史に関わる事象の意味や意義、伝統と文化の特色などを、時期や年代、推移、比較、相互の関連や現在とのつながりなどに着目して多面的・多角的に考察したり……〉（目標二）

〈多面的・多角的な考察や深い理解を通して涵養される我が国の歴史に対する愛情、国民としての自覚……〉（目標三）

改訂の狙いは「知識の体系であった学習指導要領を資質・能力の体系へと転換」することにあり、教育課程企画特別部会の論点整理（平成二十七年八月二十六日）によれば、「まずは学習する子供の視点に立ち、教育課程全体や各教科等の学びを通じて『何ができるようになるのか』という視点から、育成すべき資質・能力を整理する必要がある。その上で、整理された資質・能力を育成するために『何を学ぶのか』という、必要な指導内容などを検討し、その内容を『どのように学ぶのか』という、子供たちの具体的な学びの姿を考えながら構成していく必要がある」という。

つまり、「何ができるようになるのか」（思考力・判断力・表現力等）という目標論＝学力論を上位に置き、「何を学ぶのか」という教育内容論と「どのように学ぶのか」という教育方法論を、その目的実現の手段として位置づける「学力構造の転換」を図ったといえるが、歴史教育の本質論から見て問題がある。

「伝統文化の特色」「我が国の歴史に対する愛情」「国民としての自覚」という「歴史的分野の目標」がアクティブ・ラーニングや「多面的・多角的考察」の名の下に、軽視又は矮小化されてしまったのだ。本末転倒も甚だしい。

私が「歴史」に開眼するきっかけとなったのは、学生時代に講演を聞いた小林秀雄氏の言葉だった。

愛児を亡くした母親は、何年経っても遺品を手に取れば、在りし日の子供の顔がまざまざと甦る。「遺品」という歴史の諸資料を介して、子供の姿が胸に色あせることなく甦る。小林氏はそれが歴史であって、歴史の資料を「調べて」知識として残すだけでは歴史ではない。過ぎ去った過去が今の自分の中に生き返り、ありありと「思い出す」ことが歴史だと語った。

どのように学ぶのか＝主体的・対話的で深い学び（アクティブ・ラーニング）が重視され、各章の終わりにグループ討論・ワークや発表につなぐデジタル教科書の構成が際立っているが、例えば江戸幕府による赤穂浪士の処罰の評価についてグループで話し合う場合、現代の価値基準で歴史を裁くことはいかがなものか。「考え、議論する」前に、「共感する」視点が欠落している。

歴史の理解の仕方には、①understand（頭で理解する）、②realize（実感する）の二種類があるが、学習指導要領の歴史的分野の（目標一）の「諸資料から歴史に関する様々な情報を効果的に調べまとめる技能を身に付ける」というのは①である。

小林秀雄著『考えるヒント3』に収録されている「美を求める心」において小林は、「画家が花を見るのは好奇心からではない。花への愛情です」「絵や音楽が解ると言うのは、絵や音楽を感ずる事です。愛することです」「感ずるということも学ばなければならないものなのです」と説く。歴史教育においても歴史を「思い出し」「感ずる」ことを学ぶことが大切であり、そのことが不易なる教育基本法の目標の一つ「我が国と郷土を愛する」心に通ずる道である。

第四期教育振興基本計画の一大方針の実現のためには、教育基本法の不易と流行の教育目標との調和とバランスこそが求められている。

## 新しい教育モデルの創造を

令和三年、元髙橋ゼミ生の山﨑敏哉君の提案で、「髙橋史朗塾（以下、髙橋塾）」を開始した。髙橋塾は師範塾の理念を継承するものである。筆者の教育論や教育者としてのあり方を「学」び、それぞれの持ち場で「実践」し、且つそれを「モデル化」して、「発信」することを目的とするゼミ型学習会である。テーマは「理論と実践の往還」で、塾生は私の研究分野を基にした「歴史教育」「家庭教育」「道徳教育」「日本型ウェルビーイング教育」の分科会に分かれ、共に学問と実践に励んでいる。

特に、日本型ウェルビーイングの理論と実践が必要だと感じたのは、令和六年六月に「ウェルビーイングと道徳教育」のテーマで開催された日本道徳教育学会第一〇三回大会に参加した時だった。

基調講演「日本の教育とウェルビーイング——国際的な視点から」で白井俊氏（内閣府科学技術・イノベーション推進事務局参事官）は、ウェルビーイングに関する議論の経緯や国際的な動向等を説明したが、肝心の「日本社会に根差したウェルビーイング」とは何かについての説明は欠落していた。

そのことから、同年十月にモラロジー道徳教育財団道徳科学研究所主催のコロキアム「ウェルビーイングと道徳教育――日本型ウェルビーイングの構想と展望」にて、京都大学特任教授・京都光華女子大学副学長の谷本寛文氏、筑波大学非常勤講師・国民文化研究会理事の伊勢雅臣氏と議論した。

日本型教育を海外に輸出するプロジェクトに取り組んでいる谷本氏は、日本型教育の役割を中心に問題提起し、伊勢氏は日本史を貫く日本型ウェルビーイングの理念として、神武天皇の「即位の詔《みことのり》」、聖徳太子の「十七条憲法」、明治天皇「五箇条の御誓文」、日本神話の仕合わせ（幸せ）等について説明し、私は基調報告（「日本型ウェルビーイングの構想と展望」）とコーディネーターをさせていただいた。日本型ウェルビーイングとは何かという内実を考えるにあたり、特に伊勢氏による提起「大御宝――日本型ウェルビーイングの理念」の内容を一部紹介したい。

**【神武天皇「即位の詔」】**

・日本書紀で「民」を表す言葉は全て「おおみたから（大御宝）」と訓じられている
・恭《つつし》みて寶位《たかみくら》に臨みて、元々《おおみたから》を鎮《しず》むべし（謹んで皇位に即いて民を安んじ治めなければなら

ない）

・皇孫《すめみま》の正《ただしき》を養ひたまひし心を弘めむ（皇孫ニニギノミコトが正義を育成された御心を弘めてゆこう）

・八紘《あめのした》をおほひて宇《いえ》と為さむこと、亦可《よ》からずや（天の下を蔽《おお》いて我が家とすることは、はなはだ良いことではないか）→現生人類は多くの家族が協力する共同体をつくることができた。

・「思いやりに基づく協力が、人類の生存と繁栄を築いた」（ルトガー・ブレグマン『希望の歴史』）

**【聖徳太子「十七条憲法」】**

・第一条「和を以ちて貴しと為し……上和らぎ、下睦びて事を論《あげつら》ふに諧《かな》ふときは、事理自づからに通ふ。何事か成らざらむと」（上下の者が和み睦み合い、事を論じて合意に至れば、事の道理は自然に通る。何事であれ、成就しないものはないと）

**【明治天皇「五箇条の御誓文」と「億兆安撫国威宣揚《おくちょうあんぶこくいせんよう》の御宸翰《ごしんかん》」】**

・官武一途《かんぶいっと》庶民ニ至ル迄各《おのおの》其志ヲ遂ゲ、人心《じんしん》ヲシテ倦《うま》ザラシメン事ヲ要ス（官吏や士族

は言うに及ばず庶民に至るまで、各自の志を達成でき、希望を失わないようにするべきである）

・「天下億兆、一人も其処を得ざる時は、皆朕が罪なれば（すべての国民がひとりでもその処を得られない時は、皆私の罪であるので）」

**【「為《し》合《あ》わせ」の真意（「幸せ」の意味）】**

・「し」は「する」で「為合わせ」は、互いの主体的な思いやりからの「行為が合わさって」もたらされる状態

**【最澄】**

・「一隅《いちぐう》を照らす　これ即ち国宝なり」

伊勢氏は、一人ひとりが自己実現を図り、その処を得て、共同体のために尽くすことが日本的幸福ではないかと提起した。日本型ウェルビーイングとは、日本の歴史の中に見出すことができると気付かされる。関連して、『むかしむかしあるところにウェルビーイングがありました――日本文化から読み解く幸せのカタチ』（石川善樹・吉田尚記）という本もぜひお勧めしたい。

髙橋塾生と共に道徳教育学会に参加
（令和６年６月、北陸大学にて）

髙橋塾では、令和四年と六年の日本道徳教育学会で授業実践を発表してきた。髙橋塾が掲げるスローガンは「日本と世界をリードする新たな教育モデルを創造する」である。何事も十年続けないと本物にはならないという信念のもと、親学と師範塾も十年以上続けてきた。七十歳の定年を機に開塾した髙橋塾は、親学や師範塾の継承発展を目指し、八十歳まで十年間続ける所存である。引き続き、日本の教育課題の解決に先頭に立って取り組んでいきたい。

## 明星大学髙橋ゼミの思い出

私は、明星大学にて三十年以上にわたって教授を務めさせていただいた。髙橋ゼミ卒業生は五〇〇人を超え、第一期生は令和七年の三月で教員の定年退職を迎える。私は「ゼミは家族」と考え、例えば自宅にゼミ生を招いてパーティーを開いたり、男子学生とは共に銭湯に行ったりしたこともあり、家族同様に関わってきた。妻と相談してゼミ生を長男、次男、長女、次女……と決め、卒業アルバムにはそれぞれの写真と共にメッセージが綴られている。髙橋ゼミ第二十二期生は、私に「感謝状」を作成してくれた。そこには次のように書かれている。

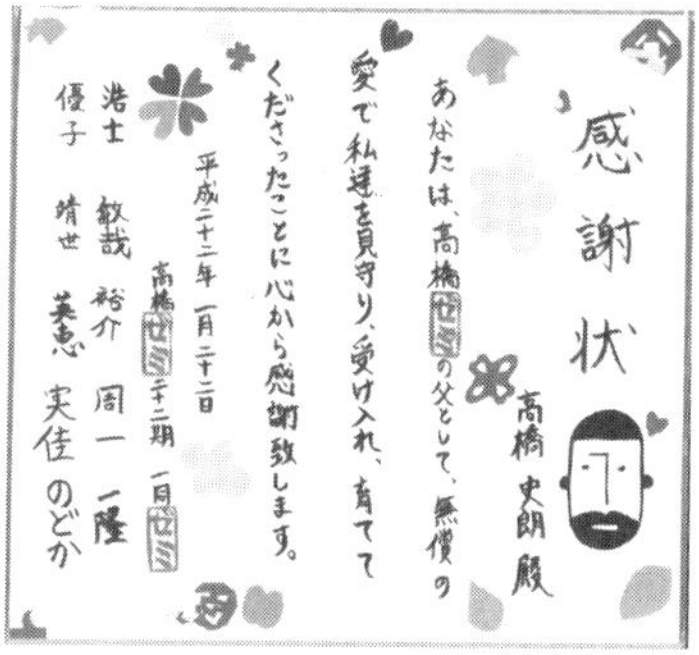
感謝状
高橋 史朗 殿
あなたは、高橋ゼミの父として、無償の愛で私達を見守り、受け入れ、育ててくださったことに心から感謝致します。
平成二十二年 一月二十二日
高橋ゼミ二十二期 一同
浩士 敏哉 裕介 周一 一隆
優子 靖世 英恵 実佳 のどか

髙橋ゼミ生からの感謝状

〈あなたは髙橋ゼミの父として、無償の愛で私たちを見守り、受け入れ、育ててくださったことに心から感謝致

します〉（平成二十二年一月二十二日）

その代の卒業旅行は台湾に行き、当時副会長を務めていた日華教育交流会の関係で李登輝元総統と面会することができた。李登輝元総統は、ゼミ生を代表して挨拶した山﨑君のスピーチに感動され、予定の時間を大幅に超え、お話を聞かせてくださった。

ゼミ旅行は、沖縄アクターズスクールと滋賀県能登川にある重度の障害者施設「止揚学園」訪問がメインであった。

ゼミ旅行にて李登輝元総統を表敬訪問

沖縄アクターズスクールは安室奈美恵、ＳＰＥＥＤ、ＭＡＸなどを輩出したタレント養成学校（芸能プロダクション）で、創設者のマキノ正幸氏は不登校経験者で、髙橋ゼミ生のためにダンスを特別披露していただいた。その後、義務教育を徹底的に批判するマキノ氏の講演を聴き、「それでも小学校教師を目指すのか」について熱い論議を交わす合宿をおこなってきた。

後に、内閣府男女共同参画担当政務官になったＳＰＥＥＤの今井絵理子議員と首相官邸で再会し、感慨深かった。

　また、二十一期生は〝私に対する〟成績通知表「あゆみ」を作成し、手渡してくれたが、その評価項目・評価・コメントはユーモアにあふれている。

　高橋ゼミを卒業した教え子達がそれぞれの場で活躍してくれていることは、「父」として何よりも喜ばしい。

私に対する成績通知表「あゆみ」

No.　40　氏名　高橋　史朗

ゼミの活動を通して

| 分野 | 評価項目 | 評価 | コメント | 担当 |
|---|---|---|---|---|
| 生活態度・身だしなみ | ひげを全部きれいにそっているか。 | △ | 全部剃ってはいませんが、素敵なひげですね。 | 奈 |
| | 服装は学校の基準に則していたか。 | ○ | おしゃれに着こなせていました。ウインナーの汁に注意しましょう。 | 陽 |
| | 様々なファッションに挑戦できたか。 | ◎ | 守破離亭でのジャケットに半ズボンは最高でした。 | 嬢 |
| | 笑顔で登校できていたか。 | ◎ | 先生が笑うと私達も笑顔になり、パワーがわいてきます。 | 知 |
| | スパイとして潜伏できたか。（京都） | △ | 見るからにスパイでしたね。 | 啓 |
| | きちんと授業に参加していたか。 | ○ | 忙しい中、きちんと参加していました。欲を言えばもっと一緒に勉強したかったです。 | 陽 |
| | 健康に気をつけているか。 | ◎ | 多忙の中、体調も崩さず頑張っているので素晴らしいです。 | 知 |
| 勉学 | 親学をみんなに継承できたか。 | ○ | まだまだたくさん先生から親学について学びたかったです。 | 琴 |
| | 家庭教育の重要性について考えることができたか。 | ◎ | 親学を考え、家庭教育の重要性をわかりやすく説明できました。 | 誠 |
| | 英語が上手であるか。 | ◎ | 外国人さんと会話するのを見たときは、その堪能さに驚きでした。 | 佳 |
| | 筆記体を使いこなせているか。 | ◎ | それはもう素晴らしい筆記体でした！かっこいいです。 | 嬢 |
| | 機密情報を公開していたか。 | ○ | 有名人の話や裏話をもっと教えてください。 | 陽 |
| 性格・愛情 | 子どもを満足させることができたか。（京都） | ◎ | めっちゃご飯がおいしかったです。ごちそうさまでした！ | 啓 |
| | ゼミ生に親睦を深められる場所を提供したか。 | ◎ | 30畳の家や守破離亭などで大勢の人を集めることができました。 | 誠 |
| | ゼミ生皆を本当の子どものように愛せたか。 | ◎ | 私たちも先生を本当のお父さんのように慕えました。 | 琴 |
| | 何にでも果敢に挑戦しているか。 | ◎ | そのチャレンジ精神は尊敬に値し、目標とするところです。 | 佳 |
| | 太っ腹であるか。 | ◎ | いつも美味しいものを食べさせてくれてありがとうございます。 | 佳 |
| | 荷物をまとめることができるか。 | ◎ | 特に旅行の時の荷物の少なさにはびっくりでした！ | 佳 |
| | 実は涙もろい性格であるか。 | ◎ | いつも共感して涙してくれるのは嬉しいです！ | 麻 |
| | 素敵なグルメさんであるか。 | ◎ | いつも美味しい所に連れてってもらいました。 | 麻 |
| | ノリノリな一面があるか。 | ◎ | 大阪での妖しい写真は私の宝です。 | 麻 |
| | こずえさんを誰よりも愛していたか。 | ◎◎ | 先生ほど、こずえさんを愛している人はいません。愛妻家という言葉は先生のためにあるようですね！これからも末永くお幸せに♪ | 皆 |

とても優秀な成績です！

# 高橋史朗の歩み

| | |
|---|---|
| 昭和25年 | 兵庫県龍野市（現たつの市）生まれ |
| 32年（7歳） | 龍野市立龍野小学校入学 |
| 38年（13際） | 龍野市立龍野中学校入学 |
| 41年（16歳） | 兵庫県立龍野高等学校入学 |
| 44年（19歳） | 早稲田大学第一文学部入学 |
| 50年（25歳） | 早稲田大学大学院修士課程（教育学専攻）入学 |

高校時代

結婚式（昭和 51 年）

52年（27歳）　明星高校非常勤講師

55年（30歳）　明星大学専任講師
米国留学（メリーランド州立大学）

56年（31歳）　スタンフォード大学フーバー研究所客員研究員

スタンフォード大学・
フーバー研究所前で両親と

57年（32歳）　明星大学占領教育史研究センター主任

58年（33歳）　「明星大学戦後教育史研究センター」に改称

占領教育史研究センターパンフレット
（翌年、「戦後教育史研究センター」に改称）

昭和59年（34歳）

**明星大学助教授**

**臨時教育審議会（政府）専門委員**

日本政府を代表して岡本道雄会長ら五人と共に「海外教育制度等調査」に派遣される。米英仏蘭のインターナショナルスクールやOECD（経済協力開発機構）などを訪問した。

平成元年（39歳）

**国際学校研究委員会（文部省）委員**

2年（40歳）

**明星大学教授**

**松下政経塾講師・入塾審査員**

香山健一氏に頼まれて講師になり、教育改革研究の指導や入塾審査も担当。「志のみ持参のこと」という募集広告が全国紙に掲載され、ユネスコの事務局長と毎日新聞の編集委員と三人で「志審査」を行い、私は「着眼大局、着手小局」という観点から志を審査した。

3年（41歳）

**明星大学戦後教育史研究センター長**

臨教審・岡本道雄会長らと海外視察

高橋ゼミ第一期生との懇親会

| | |
|---|---|
| 4年（42歳） | 日本仏教教育学会理事 |
| 7年（45歳） | 玉川大学非常勤講師（大学院博士課程） |
| 9年（47歳） | 感性教育研究所所長 |
| 11年（49歳） | 青少年健全育成調査研究委員会（自治省）座長 |
| | 「新しい歴史教科書をつくる会」副会長 |
| | 明治図書から雑誌『感性・心の教育』を編集長として創刊 |
| | 参議院国旗国歌特別委員会にて意見陳述 |
| 12年（50歳） | 埼玉県富士見市青少年健全育成指針作成 |
| | 衆議院青少年問題に関する特別委員会にて意見陳述 |
| 13年（51歳） | 師範塾塾長 |

読売テレビ討論番組「パラダイム88」の司会を毎月、二年間にわたって担当

埼玉師範塾を開塾した守破離亭（秩父市）

平成15年（53歳）

「日本の教育改革」有識者懇談会（民間教育臨調）運営委員長

東京都荒川区男女共同参画社会懇談会副会長（会長は林道義氏）

16年（54歳）

埼玉県教育委員

親学会副会長

PHP教育政策研究会主査

埼玉県秩父市行政経営アドバイザー

東京都杉並区生活マナー・しつけ読本編纂委員

17年（55歳）

埼玉県教育委員長職務代理者

感性・脳科学教育研究会会長（事務局はUIゼンセン同盟）

公開セミナーを七回開催、報告書を刊行した。

NPO法人師範塾理事長

日本健康行動科学会理事

PHP親学研究会主査

「NPO法人親学推進ネットこうのす」の皆さんと

埼玉県議会で教育委員長として答弁

18年（56歳）
親学推進協会を設立、理事長に就任
埼玉師範塾理事長・塾長
東京都男女平等参画審議会委員

19年（57歳）
埼玉県教育委員長
「子どもと家族を応援する日本」重点戦略検討会議「地域・家族の再生分科会」（政府）委員
仙台市男女共同参画審議会委員
日本家庭教育学会常任理事

21年（59歳）
明星大学大学院人文学研究科教育学専攻主任
埼玉県青少年健全育成審議会会長
日本感性教育学会理事

22年（60歳）
やすくに活世塾塾長
衆議院青少年問題に関する特別委員会にて意見陳述

大分国体（平成20年）で埼玉県選手団を激励

高校総体に皇太子殿下（当時）をお迎えする

平成24年（62歳）

**教育再生東京円卓会議委員（石原慎太郎都知事委嘱）**

25年（63歳）

**男女共同参画会議有識者議員（内閣府）**

三年連続で国連女性の地位委員会に出席（NY）

**親学推進協会会長**

26年（64歳）

**日本仏教教育学会常任理事**

**ユネスコ「世界の記憶」に中国提出の南京大虐殺の登録が決定**

パリのユネスコ日本代表部を訪問。駐ユネスコ公使と参事官に会い、中国がユネスコ「世界の記憶」に登録申請した南京大虐殺に関する史料の問題点を説明・反論したが、世界記憶遺産への登録を阻止できなかった。

28年（66歳）

**明星大学特別教授**

**歴史認識問題研究会副会長**

男女共同参画会議有識者議員として、国連女性の地位委員会に出席（NY）

NHKテレビで放映されたユネスコ国際諮問委員会の映像

29年（67歳）（公財）モラロジー研究所特任教授
麗澤大学非常勤講師（『教育相談』担当）
日本マナーマイスター学会会長

30年（68歳）麗澤大学学校教育研究科道徳教育専攻特任教授
（公財）モラロジー研究所教授

令和3年（71歳）髙橋史朗塾塾長

4年（72歳）麗澤大学特別教授

明星大学退仕式(平成30年)

髙橋史朗塾での講義

塾生との集合写真

## 【単編著】

1『占領下の教育改革』（至文堂）昭和五十九年
2『臨教審』（至文堂）昭和六十年
3『総点検・戦後教育の実像』（ＰＨＰ研究所）昭和六十一年
4『教科書検定』（中央公論社）昭和六十三年
5『社会科と歴史教育』（至文堂）昭和六十三年
6『天皇と戦後教育』（ヒューマンドキュメント社）平成元年
7『悩める子供たちをどう救うか』（ＰＨＰ研究所）平成三年
8『魂を揺り動かす教育』（日本教育新聞社）平成三年
9『児童の権利条約』（至文堂）平成四年
10『教育再生の課題（上）（下）』（日本教育新聞社）平成五年
11『第三の教育改革の四つの課題』（二十一世紀のくらし）平成五年
12『間違いだらけの急進的性教育』（黎明書房）平成六年
13『いのち輝く教育』（佼成出版社）平成七年
14『検証・戦後教育』（廣池学園出版部）平成七年

15『新学力観を活かす学校教育相談』（学事出版）平成八年
16『平和教育のパラダイム転換』（明治図書）平成九年
17『感性を活かすホリスティック教育』（廣池学園出版部）平成九年
18『歴史の喪失』（総合法令出版）平成九年
19『歴史教育はこれでよいのか』（東洋経済新報社）平成九年
20『癒しの教育相談 ホリスティックな臨床教育事例集（全四巻）』（明治図書）平成九年
21『感性教育』（至文堂）平成九年
22『心を育てる学校教育相談』（学事出版）平成十年
23『臨床教育学と感性教育』（玉川大学出版部）平成十年
24『「学級崩壊」10の克服法。』（ぶんか社）平成十一年
25『感性・心の教育（全5巻）』（明治図書）平成十一年
26『ふっと気づいてふっと感じて』（おうふう）平成十二年
27『こころの瞳で』（おうふう）平成十二年
28『日本文化と感性教育』（モラロジー研究所）平成十三年
29『子どもがいきいきするホリスティックな学校教育相談』（学事出版）平成十八年
30『これで子供は本当に育つのか』（MOKU出版）平成十九年

31『親が育てば子供は育つ』（MOKU出版）平成十九年

32『親学対談』（MOKU出版）平成二十年

33『親学Q&A』（登龍館）平成二十二年

34『主体変容の教育改革』（MOKU出版）平成二十二年

35『脳科学から見た日本の伝統的子育て』（モラロジー研究所）平成二十二年

36『家庭教育の再生』（明成社）平成二十四年

37『物語で伝える教育勅語』（明成社）平成二十四年

38『日本が二度と立ち上がれないようにアメリカが占領期に行ったこと』（致知出版社）平成二十六年

39『「日本を解体する」戦争プロパガンダの現在』（宝島社）平成二十八年

40『WGIPと「歴史戦」』（モラロジー研究所）平成三十一年

41『知っておきたい「こども庁」問題Q&A』（歴史認識問題研究会）令和三年

**【共著】**

1『激論・教育改革の視点』（三修社）昭和六十年

2『臨教審と教育基本法』（至文堂）昭和六十一年

3『占領下の教育改革と検閲』（日本教育新聞社）昭和六十二年

4『教育原理』（八千代出版）昭和六十二年
5『入試改革と新テスト』（共同出版）昭和六十三年
6『欧米から見た日本の教育』（共同出版）平成元年
7『少年問題の現状と課題』（ぎょうせい）平成四年
8『教育の真理と探究』（明星大学出版部）平成五年
9『生命尊重教育のすすめ』（東信堂）平成五年
10『児童生徒理解に立つ』（ぎょうせい）平成六年
11『いじめの根源を問う』（展転社）平成七年
12『いのち輝く教育』（佼成出版社）平成七年
13『大東亜戦争の総括』（展転社）平成七年
14『教育――その新たな可能性への挑戦』（学文社）平成七年
15『喜びはいじめを超える』（春秋社）平成八年
16『教科書が教えない歴史（2）』（産経新聞社）平成八年
17『教育にとっていじめとは何か』（明治図書）平成八年
18『脱偏差値教育への試み』（学文社）平成八年
19『ちょっと待って！　夫婦別姓』（日本教育新聞社）平成九年

20『教科書が教えない歴史（3）』（産経新聞社）平成九年
21『新しい日本の歴史が始まる』（幻冬舎）平成九年
22『最高裁への批判――愛媛玉串料訴訟判決』（政教関係を正す会）平成九年
23『歴史教科書との15年戦争』（ＰＨＰ研究所）平成九年
24『歴史教科書への疑問』（展転社）平成九年
25『親と教師に贈る「心の教育」』（廣池学園出版部）平成九年
26『ホリスティック医学と教育』（至文堂）平成九年
27『新しい歴史像の創造』（富士社会教育センター）平成十年
28『現代神道研究集成（9）神道と国家』（神社新報社）平成十年
29『親が変われば子は変わる』（扶桑社）平成十年
30『子どもは待っている！　親の出番』（ＭＯＫＵ出版）平成十一年
31『戦後教育の総合評価』（図書刊行会）平成十一年
32『新しい教科書誕生』（ＰＨＰ研究所）平成十二年
33『私たちの美しい日の丸・君が代』（明成社）平成十二年
34『こころの不思議』（永田文昌堂）平成十三年
35『新しい日本の教育像』（富士社会教育センター）平成十三年

36『新しい歴史教科書をつくる会の主張』（徳間書店）平成十三年
37『迫りくる「全体主義」の跫音』（小学館）平成十三年
38『新しい歴史教科書次なる戦い』（小学館）平成十四年
39『日本人はなぜ戦後たちまち米国への敵意を失ったのか』（徳間書店）平成十四年
40『教育黒書』（ＰＨＰ研究所）平成十四年
41『学校教育を変えよう』（自由国民社）平成十六年
42『親学のすすめ――胎児・乳幼児期の心の教育』（モラロジー研究所）平成十六年
43『「命の大切さ」を実感する心の教育』（学事出版）平成十六年
44『続・親学のすすめ』（モラロジー研究所）平成十八年
45『卒業式・入学式・学校現場での国旗・国歌の指導は当然』（明成社）平成十九年
46『「河野談話」検証の虚妄』（ＰＨＰ研究所）平成二十六年
47『敗戦後遺症を乗り越えて』（扶桑社）平成二十七年
48『国連が世界に広めた「慰安婦＝性奴隷」の嘘』（自由社）平成二十八年
49『「慰安婦」謀略戦に立ち向かえ！――日本の子供たちを誰が守るのか？』（明成社）平成二十九年
50『新・東京裁判論――ＧＨＱ戦争贖罪計画と戦後日本人の精神』（産経新聞社）平成三十年

## 【共訳】

ジャン・クリスチャン・スマッツ著『ホーリズムと進化』（玉川大学出版部）平成十七年

## 【学会・学術大会特別講演】

1「脳科学と教育」日本健康行動科学会第七回学術大会特別講演、平成二十年十月

2「親育ち支援の課題」日本小児皮膚科学会第四十回学術大会特別講演、平成二十八年七月

3「科学的知見に基づく家庭教育——家庭教育学の樹立を目指して」日本家庭教育学会基調講演、令和四年八月

## 【学会・社会活動】

昭和 51 年　日本教育学会会員
昭和 53 年　日本人間性心理学会会員
昭和 56 年　占領史研究会会員
昭和 58 年　日本文化会議企画委員
平成元年　国際学校研究委員会委員（文部省）
平成 2 年　神奈川県学校不適応（登校拒否）対策研究協議会専門部会長
日本カウンセリング学会会員
異文化間教育学会会員
平成 9 年　日本感性教育学会会員
平成 12 年　日本青少年育成学会会員
平成 13 年　師範塾塾長
平成 15 年　「日本の教育改革」有識者懇談会（民間教育臨調）運営委員長
東京都荒川区男女共同参画社会懇談会副会長
平成 16 年　埼玉県秩父市行政経営アドバイザー
東京都杉並区生活マナー・しつけ読本編集委員
平成 17 年　親学会副会長
PHP 研究所教育政策研究会主査
感性・脳科学教育研究会会長（事務局・UI ゼンセン同盟）
日本健康行動科学会理事
平成 18 年　NPO 法人師範塾理事長
埼玉師範塾理事長・塾長
東京都男女平等参画審議会委員
平成 19 年　親学推進協会理事長
日本感性教育学会評議員
日本家庭教育学会常任理事（現在に至る）
平成 21 年　仙台市男女共同参画審議会委員
埼玉県青少年健全育成審議会会長
平成 24 年　日本感性教育学会理事（現在に至る）
平成 25 年　教育再生東京円卓会議委員（石原都知事委嘱）
平成 26 年　親学推進協会会長
日本マナーマイスター学会常任理事
平成 28 年　日本仏教教育学会常任理事（現在に至る）
平成 29 年　歴史認識問題研究会副会長
令和 3 年　日本マナーマイスター学会会長
髙橋史朗塾塾長

# おわりに——吾が人生を振り返って

七十四年間の人生を振り返ると、多くの人々との出会いによって導かれてきたことを痛感する。

大学紛争の嵐の中で「戦後（教育）」に対する疑問を抱き、三年間の在米占領文書研究に没頭した。「平和と民主主義」という二大スローガンの戦後教育の理念とは全く裏腹の大学の現実に悩み、一般学生を教室で殺害した過激派学生が声高に叫ぶ「反戦平和」とは一体何なのか、という根源的な疑問が米大学院留学へと私を突き動かした。

留学した昭和五十五年の十月六日に、仲人をしていただいた児玉三夫明星大学学長とワシントンでお会いしたことが契機となり、同年十一月一日付で明星大学専任講師の辞令を受け、明星学苑創立六十周年、明星大学創立二十周年記念事業の一環として、在米占領文書の調査・収集に取り組むことになった。帰国した昭和五十八年に明星大学に「占領教育史研究センター」が設立され、朝日新聞が大きく報道し、社会的な注目を集めた。

米国留学前から親交のあった江藤淳氏と連絡を取りながら、メリーランド州立大学マッケルディン図書館所蔵の検閲資料を調査し、ＷＧＩＰの関連文書を発見した。江藤氏の最愛の妻が末期がんで亡くなり、江藤氏も浴室で頸動脈を切って自死されたことには大きなショックを受けた。

私の研究が中曽根康弘首相の目に留まり、翌年十二月に政府の臨時教育審議会の専門委員に抜擢された。当時私は三十四歳の最年少（五十歳以下の委員は私一人）で、唯一の教育学者であったため「新進気鋭の教育学者」ともてはやされ、新聞記者が大学の授業に押し駆ける過熱ぶりであった。

臨教審を代表して海外視察を行った際に、岡本道雄会長（当時京大総長）が哲学者の田中美知太郎京都大学教授から「親孝行」を教育理念とするようアドバイスされ、京都学派の学者を集めて毎月、教育理念に関する研究会を開催したことを知らされた。臨教審と私の関係については、武蔵野大学の藤田祐介教授による私へのインタビュー記録が、同人学の研究紀要に掲載されており、インターネットでも無料で閲覧できるので、参照されたい（「高橋史朗氏に聞く　臨時教育審議会：オーラルヒストリー」）。

教育基本法と教育勅語の関係を補完併存関係として捉え直し、教育基本法の成立過程について臨教審総会で詳細に報告した。この歴史的事実を踏まえて、安倍政権において教育基本法改正が行われた。

当時、有頂天になっていた私を心配した父から、「実るほど頭を垂れる稲穂かな」という松尾芭蕉の俳句のみを記したハガキが届き、ハッとさせられた。

本文には記していないが、松下政経塾の「志審査」の入塾審査員と講師を依頼され、教育指導を担当させていただいた。そこで小田全宏氏と出会い、仲人をさせていただいた。

東京・埼玉・大阪・福岡で教師の人間力育成を目指す「師範塾」を立ち上げ、塾長（後に理事長）として「主体変容」を教育理念とする人間教育を提唱した。大谷翔平選手の「目標達成シート」の発案者である原田隆史氏が大阪師範塾一期生として頭角を現し、注目を集めた。

「主体変容」という言葉は、知識・技能の「伝達」「交流」を超えた、教育者（教師・親）自らが「心のコップ」を上に向けて「変容」するという意味である。この「主体変容」の教育改革こそが私のライフワークであり、その教育観は「髙橋史朗塾」に受け継がれている。

臨教審時代に、いじめや不登校などにいかに対処するかが教育改革の重要課題になった。全国のフリースクールや教護院など問題児が立ち直っている教育現場の視察調査に取り組んだことを契機に、子供が立ち直った実践を理論化する「臨床教育学」に取り組んだ。玉川大学大学院で「臨床教育学と感性教育」（同大学出版部より同名の本を刊行）について講義し、神奈川県の学校不適応対策研究協議会の専門部会長として「学校にいけない子供たち」という冊子を責任編集し、同県の教員研修を担当するようになった。

最大の労働組合であるＵＩゼンセン同盟の幹部が「日教組に変わる組織を作りたい」と相談に来られたが、「教師自身が主体変容して元気になる研修」を始めましょうと提案した。そして、日本財団で「感性脳科学教育研究会」を開催し、脳科学等の科学的知見に基づいて感性を高めるゼミナールを積み重ねてきた。

東大大学院の遠藤利彦教授の『「情の理」論――情動の合理性をめぐる心理学的考究』（東大出版会）を読み、「感知融合」の情動学に開眼した。文科省の「情動の科学的解明と教育等への応用に関する調査研究協力者会議」に基づく十大学十六教育委員会連携の教育事業「子どもみんなプロジェクト」の五年間の研究成果に注目した。

感性教育研究所を創設し、「感性教育研究会」を長年開催してきたが、人間の手の細胞は「五本の指をつくれ」ではなく、「指の間に四つの谷間をつくれ」と命令されることを知った。谷間にあたる部分の細胞は、胚の中で自らの命を絶つことによって、指をつくってくれるのである（マーロン・ホーグランドほか著『Ｏｈ！　生きもの――生物のみごとなしくみ』三田出版会）。人間の胃壁は死んだ細胞が覆って新しい細胞が生まれる幕間つなぎをしているという。つまり、感性（情）と理性は対極ではなく、情の中に「理（ことわり）」があることの重要性に気づかされたことが、「感知融合」の視点から研究を深めるようになった契機である。

私の感性教育に注目した下伊那教育会（長野県）の三名の校長先生が研究室を訪ねてこられた。その際の要請が、教員研修を一生お願いしたいというものだったので、大変驚いた。以来二十年以上「感性教育」について基調講演し、感性教育をメインテーマとする十以上の分科会を回って助言してきた。長野県の全教員が加入している信濃教育会の会長から、総会での講演を二年連続で依頼され、伝統ある信濃教育研究所の所長就任を依頼されたが、明星大学を辞めるわけにはいかないのでお断りさせていただいた。二十年以上、感性教育の理論と実践の往還を積み重ねてきた蓄積は貴重なものであり、後世に残す必要があると思われる。

親学の活動が暗礁に乗り上げたことを契機に、明星大学教授を退任し、ゼミの授業だけを担当する特別教授になった。休みの期間は在米占領文書研究に専念することにし、給与は三分の二に減少した。再び渡米して研究する日々が続いていた中、モラロジー研究所の廣池幹堂理事長とお会いする機会があり、全国で唯一の道徳教育専門の麗澤大学大学院学校教育研究科の教授として転任することになった。

また、西岡力氏と立ち上げた「歴史認識問題研究会」を推進する歴史研究室をモラロジー研究所内に新設していただいた。官民一体となった「歴史戦」の中核的役割を果たす研究体制を整えていただいた廣池理事長への感謝の念を新たにする。

実は、私の母はモラロジー研究所の前田三作先生のご指導を受け、「史朗は胎教でモラロジーの教えがしみ込んでいるから、絶対に大丈夫」と何度も口にしていた。そのご縁で、モラロジー専攻塾の講師になり、前田三作先生の奥様と私の妻がお互いの詩集を通して親交を深めることになった。

慰安婦問題や「南京大虐殺」問題などに関して在米日系人子弟がいじめられる事件が続発し、保護者から安倍元総理に直訴状が手渡された。北米で実態調査を行うとともに、ニューヨーク、ロサンゼルス、サンフランシスコ、アトランタの総領事館で講演もさせていただいた。

また、ユネスコ「世界の記憶」の「南京大虐殺」「慰安婦」共同申請資料の問題点を「世界の記憶」の倫理規定や一般指針の登録選考基準の真正性、法の支配、資料の完全性などの視点から指摘した意見書を外務省経由で提出し、アブダビで開催された国際諮問委員会にも政府を代表して出席させていただいた。

帰国後、安倍首相と面会し、官民一体となった歴史戦と制度改善の必要性を訴えた。ユネスコ総会に出席する馳浩文科相にも面会し、ユネスコ事務局長に制度改善を強く働きかけていただくよう要請した。

これまでに共著を含む九十冊の著書を出版し、令和元年九月からモラロジー道徳教育財団「道徳サロン」に一五〇回連載し、令和五年五月からは毎朝「ｎｏｔｅ」に投稿してきた。

道徳教育についてはピカピカの一年生であったが、「感知融合の道徳教育」に関する学術論文の作成および学会発表を積み重ねて、何とか研究者の仲間入りをすることができた。

令和八年には、モラロジー道徳教育財団創立百周年の節目を迎える。令和七年の四月九日に開催される麗澤大学ウェルビーイング研究センター設立記念シンポジウムで、ＯＥＣＤ前統計局長と共に講演する予定であるが、ＰＩＳＡ二〇二二の調査結果（本書二四五頁参照）についても論じたい。また、令和七年末には麗澤大学国際問題研究センター主催の「日本型ウェルビーイング」をテーマとするシンポジウムを、そして令和八年には、同財団道徳科学研究所内に立ち上げた「ウェルビーイング教育研究会」に京都大学大学院の広井良典・内田由紀子両教授らをお招きして、創立百周年記念シンポジウム「日本型ウェルビーイングと道徳教育」を成功させたい。この三つのシンポジウムを成功させることによって、これまでの御恩に報いたいと念願している。

妻の偲ぶ会の開催を契機に、久しぶりに教え子達に会う機会も増え、妻の詩集『ありがとうの音色を響かせて』（改訂版）の表紙と同色（鮮やかな紫）のスポーツウエアをプレゼントされた。そのスポーツウエアを着て、毎朝明治神宮を参拝している。明治神宮早起き体操会の仲間達とラジオ体操を行った後に、代々木公園で軽い運動を行い、原宿のスポーツジムに通っている。墨田区立総合体育館で開催されたラジオ体操指導者講習会に妻と毎月参加し、指導者の資格も取得した。

ホノルルマラソンの下見を終えて、いよいよ挑戦を目前にして妻が急死したのでたじろいでいるが、多くの教え子達が是非一緒に走りましょうと励ましてくれるので準備だけはしておきたい。

心機一転髭を剃り、早朝三時頃に起床し、ｎｏｔｅの原稿を投稿してから明治神宮に向かうのが一日のルーティンである。体力も十歳は若返っており、ジムのトレーナーも「とても七十代とは思えない」と言う。

元教科書調査官の村尾次郎氏から「六十代からは足が大事だから、鍛えてください」と何度も言われてきたので、聖蹟桜ヶ丘に住んでいた頃から、明治天皇がかつて兎狩りをされた旧多摩聖蹟記念館まで毎朝登ってラジオ体操を行い、体を鍛えてきた。明治神宮に参拝する時には、明治天皇御製を私が、昭憲皇太后の御歌を妻が一首ずつ朗詠する早朝行事を続けてきた。

令和六年十一月二十日に七十四歳の誕生日を迎えた。四十八年間、私の人生を支えてくれた亡き妻に心から感謝し、一人娘に先立たれた九十六歳の義母の心に寄り添いながら、「主体変容」の人生を全うしたい。

最後に、私自身の半生を振り返る本書の出版を企画し、編集を担当してくれた神谷龍氏に深く感謝したい。

令和七年三月吉日

高橋史朗

著者略歴

髙橋　史朗（たかはし・しろう）

昭和25年兵庫県生まれ。早稲田大学大学院修了後、米国に留学。スタンフォード大学フーバー研究所客員研究員となる。帰国後、政府の臨教審専門委員、明星大学教授および戦後教育史研究センター長に就任。その後、埼玉県教育委員会委員長、男女共同参画会議有識者議員等を務める。現在、麗澤大学特別教授、モラロジー道徳教育財団道徳科学研究所教授。『家庭教育の再生』（明成社）、『日本が二度と立ち上がれないようにアメリカが占領期に行ったこと』（致知出版社）、『WGIPと「歴史戦」』（モラロジー研究所）など著書多数。

**戦《せん》後《ご》教育《きょういく》改《かい》革《かく》半《はん》世《せい》紀《き》**

世界《せかい》をリードする日本《にほん》へ

令和七年三月三十一日　初版第一刷発行

著　者　髙橋史朗

発行者　田尾憲男

発　行　株式会社明成社

〒一五〇―〇〇三一

東京都渋谷区桜丘町二十三番十七号

シティコート桜丘四〇八

電　話　〇三（六四一六）四七七二

FAX　〇三（六四一六）四七七八

https://meiseisha.com

印刷所　モリモト印刷株式会社

乱丁・落丁は送料当方負担にてお取り替え致します。

ただし古書店で購入したものはお取り替えできません。



ISBN978-4-905410-79-9 C0037